KB043130

속옷은 가장 개인적이고 은밀한 물건이다.
딸과 엄마는 속옷을 공유한다.
딸은 말다툼을 벌이다가도 같은 서랍에서
같은 속옷을 꺼내 입는다.
엄마는 딸에게 고함을 치는 와중에도 기꺼이
그 개인적인 물건을 내어준다.
같은 속옷을 입는 것이 너무 당연해서
두 여자는 속옷이
아주 개인적인 물건이라는 것도 잊어버렸다.
화가 난 딸은 혼자 살 집을 알아보지만
속옷을 전부 새로 사야 한다는 사실은 알지 못한다.

**같은 속옷을 입는 두 여자**
각본집

1판1쇄 펴냄 2023년 1월 6일

지은이 김세인

원작 영화 〈같은 속옷을 입는 두 여자〉
ⓒ 2022 CHALLAN, KAFA. ALL RIGHTS RESERVED.

펴낸이 김경태
편집 홍경화 성준근 남슬기 한홍비
디자인 박정영 김재현
마케팅 전민영 유진선
경영관리 곽근호

펴낸곳 (주)출판사 클
출판등록 2012년 1월 5일 제311-2012-02호
주소 03385 서울시 은평구 연서로26길 25-6
전화 070-4176-4680  팩스 02-354-4680  이메일 bookkl@bookkl.com

ISBN 979-11-92512-17-4 03680

# 같은 속옷을
## 입는 두 여자

THE

APARTMENT

WITH

TWO WOMEN

# 차례

# 각본

일러두기

1. 이 책의 일부 맞춤법과 외래어 표기는 작가의 의도를 따른다.
2. 이 책에 등장하는 용어의 의미는 아래와 같다.

V. O.(보이스 오버)    장면에 등장하지 않은 인물이 대사나 해설을 하는 것을 말한다.

Insert(인서트)    신scene(#)과 신 사이에 들어가는 삽입 이미지를 가리킨다.

cut to(컷 투)    앞 신과 장소, 시간이 크게 바뀌지 않았을 때 사용했다.

몽타주    같은 목적을 가진 여러 장면이 모아질 때 사용했다.

## 1. 화장실 — 이른 저녁

김이정(20대 후반)이 세면대에 속옷 여러 벌을 빨고 있다.
밖에서는 윤수경(50대 초반)의 웃음소리와 부산스런 발소리가 들린다.

> 수경　아니 맨날 옷이 없어져. 여기 벗어둔 것 같은데 없네.
> 　　　알겠어, 알겠어. 아무거나 입고 빨리 갈게.
> 　　　그래서? 하던 얘기나 마저 해봐.

수경이 통화를 하며 화장실로 들어와 변기에 앉는다. 수경은 소변을
보는 동시에 속옷을 벗어 세면대에 던지고 화장실 밖으로 나간다.
이정은 갑자기 던져진 수경의 입던 속옷에 기운이 빠진 듯 멈칫하더
니, 다시 빨래를 시작한다.
안방 쪽에서 서랍을 여닫는 소리가 들리고 수경이 이정에게 다가와
어깨를 가볍게 툭툭 친다. 이정이 뒤돌아본다.
수경은 이정을 제대로 보지도 않고 통화에 집중한 채 속옷 하나를 달
라는 손짓을 한다.
이정은 속옷 하나를 대충 행군 뒤 짜서 수경에게 건넨다.
수경은 이정이 건넨 속옷을 보더니 인상을 쓰며 소리 없이 '더'라고
말한다.
이정도 인상을 쓰고 수경을 바라보고는 속옷을 다시 힘껏 비틀고 건

9

넨다.

수경은 속옷을 발발 털어 젖어 있는 상태로 급하게 입고 가방을 챙겨 집 밖으로 나간다.

빨래를 하던 이정이 또다시 멈칫한다.

이정이 입고 있던 속옷을 내리는데 월경혈이 묻어 있다.

세면대 물을 틀어 월경혈을 흘려보내고 세제를 더 넣고 빨래를 다시 주물럭거리기 시작한다.

세면대에서 이정이 입던 속옷과 수경이 입던 속옷 그리고 이전에 그들이 입었을 속옷들이 서로 엉키고 있다.


## 2. 좌훈방 가게 — 이른 저녁

허벌라이프, 아마씨 등 건강식품이 쌓여 있는 작은 가게 안. 회원제로 운영되는 좌훈방 가게이다. 여러 가지 미용, 건강식품들이 규칙 없이 되는대로 너저분하게 쌓여 있다. 먹다 남긴 커피잔, 쓰던 칫솔, 담요 등 개인 물품들까지 뒤섞여 있다. 업무와 생활이 구분되지 못한 모습이다.

카운터에 애정(50대 초반)이 구운 서리태를 집어먹으며 TV를 보고 있다.

요란한 도어벨소리와 함께 수경이 급하게 문을 열고 가게 안으로 들어온다. 난로 앞에서 치마를 들추고 아직 젖어 있는 팬티를 말린다.

애정   숭하다 숭해.

수경   아랫도리 어는 줄 알았어.

애정   여자는 아래가 따뜻해야 하는데.

수경   이제 뭔 상관이야. 이제는 기능보다 디자인이야.

수경이 몸을 돌려 애정에게 팬티를 보여준다.

수경   5종 세트 29만 원!

애정   속옷 젊다 젊어. 그리고 비싸.

수경   가성비 따지는 삶 지겹다 이거야.

애정   어째 점점 여기(아래)도 여기(머리)도, 나이를 거꾸로 먹냐.

수경   어머 칭찬 감사합니다. 동안이라는 말 자주 들어요.
      몇 시야?


### 3. 좌훈방 가게 앞 — 이른 저녁

가게 문을 열고 나오는 수경과 애정. 수경이 급하게 문을 잠근다.
문에는 '영업 마감 10시'라고 적혀 있다.

애정   또 엄청 성질내겠네. 니는 약속 한 번을 지킨 적이 없어.
      옷만 금방 갈아입고 나온다더니 세 시간이냐?
      야, 이 정도면 나 알바비 줘야 하는 거 아니야? 안 주냐?

수경이 장난스럽게 웃으면서 구기자즙으로 애정의 입을 막는다.
애정은 수경을 째려보더니 이내 잘 받아먹는다.
수경이 먼저 계단을 급하게 오르고 애정이 뒤따른다.

> 애정　근데 지금 7시인데 이렇게 맨날 일찍 닫아도 돼?
> 수경　자기들이 내 가게 오고 싶으면 날 기다려야지.
> 　　　 난 안 기다려.
> 애정　장사가 되냐?
> 수경　잘되지. 워낙 사장이 매력적이잖아.

애정이 기가 찬 웃음을 짓는다.


## 4. 이정 몽타주 — 저녁

1) 이정이 베란다에 속옷을 넌다. 배가 아픈 듯 인상을 쓰고 있다.

2) 거실과 부엌이 일렬로 된 낡고 좁은 집. 버릴 것을 버리지 못하고 그대로 쌓아두고 방치해둔 공간. 한 번도 쓰인 적 없고 앞으로도 쓰이지 않을, 아무 쓰임 없는 물건들이 무방비로 널려 있다. 공간에 대해 아무 관심이 없는 것은 아닌 듯, 독특한 취향의 장식품들이 곳곳에 놓여 있다. 그러나 제자리를 찾지 못한 장식품의 두서없는 디자인이 집을 더욱 복잡하고 답답하게 한다. 이정이 각종 건강식품과 반찬

통, 지로용지가 쌓인 식탁 위를 뒤지다가 타이레놀 갑을 발견한다. 안을 열어보니 빈껍데기뿐이다.

(cut to)

전자레인지가 삐- 하고 울린다. 전자레인지에서 데워진 물주머니를 꺼낸다.

3) 이정이 물주머니를 꺼안고 방 침대에 눕는다. 휴대폰으로 카카오톡 친구 목록의 프로필을 둘러본다. 차장, 대학 동기, 거래처 대리… 무작위로 둘러보지만 누구에게도 메시지는 보내지 않는다. 비어 있는 자신의 프로필을 눌러 편집 창을 여는데 사진첩에는 풍경사진 몇 장과 계좌번호 캡처, 영수증 등 업무 관련 사진뿐이다.

카메라 어플로 방 이곳저곳을 확대와 축소를 반복하며 둘러본다. 별 것 없다.

툭툭-. 창에서 소리가 난다. 불투명한 유리창에 빈 나뭇가지 그림자가 왔다갔다 한다. 그림자를 확대하고 확대한다. 찍지 않고 그대로 휴대폰을 끈다.

4) 집 이곳저곳의 불을 다 켜고 거실 소파에 눕는 이정.

타이레놀 좀 사다줘

수경에게 메시지를 보낸다.

## 5. 아구찜 가게 ― 저녁

종열(50대 초반)이 수경의 휴대폰으로 유튜브 취미 강좌 목록을 보고 있다. 그때 수경의 휴대폰에 이정의 메시지가 뜬다.
복분자 엑기스를 꺼내 소주에 타던 수경이 메시지를 힐끗 보더니 손가락 하나로 가볍게 메시지를 넘겨버린다.
수경, 종열, 애정, 경석(50대 후반)의 식사 자리다.

> 수경    뭐 이거저거 많더라구. 돈도 안 들고.
>
> 애정    (벽에 걸린 복분자주 포스터를 보며) 여기도 복분자주 있구만.
>
> 수경    순 설탕 덩어리. 이게 찐이야 찐. (경석에게) 좀 드실래요?
>
> 경석    아뇨. 단거 싫어서.
>
> 수경    우리끼리 짠―

수경, 종열, 애정 셋만 복분자 소주를 짠하고 마신다.
수경은 엑기스가 신지, 게슴츠레한 눈으로 경석을 본다.
경석과 눈이 마주친다.

> 수경    (입맛을 다시며) 맛있는데.
>
> 종열    (강좌 목록을 계속 넘기며) 정했어?
>
> 수경    아니, 좀 더 고민해보려고.

경석이 종열의 소주잔에 소주를 가득 따른다. 종열은 엉겁결에 술을 받는다. 경석은 자신의 소주잔에도 소주를 가득 따르고 홀짝 다 마신다.

도발하듯 종열을 쳐다보는 경석. 종열은 여유롭게 미소 짓는다.

종열　저는 속도 맞추는 게 좋아서.

애정　(기다렸다는 듯이) 천천히 좀 마셔. 누가 뺏어먹어?

경석의 얼굴이 혼자만 불쾌하다.

종열　애정 씨는요?

애정　저도 뭐…. 수경이 하는 거로 하려고요.

수경　대략은 정했어. 악기?

종열　왜 악기야?

수경　다스리려고. 마음을. 내가 좀 다혈질이잖아.

애정　좀 심하지?

수경　(애정을 째려보며) 봐봐 또 여기 콱 뭐가 올라오잖아.

　　　이렇게 한번 올라오면 이 답답한 게 사라지지를 않아.

　　　쌓이고 쌓이다가 입으로 손으로 나가는 거야.

　　　종열 씨한테도 가끔씩 톡톡 쏘고. 내가 그 방법밖에 몰라.

종열　그게 수경 매력인데?

수경　(바로 받아들인다) 이게 내 매력이긴 하지만.

애정　어이구.

수경이 소주잔을 든다. 붉은 복분자 소주가 잔 안에서 맑게 찰랑인다.

수경    너무 곱지 않니? 나도 이렇게 살고 싶어.
       곱고 맑게. 낭반석으로-

종열이 수경의 앞접시에 음식을 덜어준다.
애정이 남편 경석을 보는데, 경석은 아무 말 없이 소주만 마시고 있다.


### 6. 아구찜 가게 앞 ― 저녁

종열이 수경의 어깨를 감싸고 수경은 그 손을 잡고 박하사탕을 빨며 다정하게 서 있다. 애정은 은근히 부러운 눈빛으로 그들의 맞은편에서 같이 박하사탕을 빨며 서 있다. 경석은 좀 떨어진 곳에서 담배를 태운다.

       애정    오늘 정말 잘 먹었어요. 많이 나왔을 텐데….
       종열    아뇨 뭐, 허허.
       경석    다음에는 우리가 내요.
       종열    그럼 비싼 거 먹어야겠네!
       경석    네, 그러세요.

수경, 애정, 종열 세 사람은 웃는데 경석은 웃음기가 없다.

       경석    먼저 갑니다.

경석이 담배를 버리고 먼저 걸어간다.

  애정    어휴 딱딱해. 먼저 갈게. 다음에 봬요.

경석은 주머니에 양손을 넣고 걷는다. 애정은 집에 전화를 한다.
부부가 따로 또 같이 걸어간다.

  종열    우리도 갈까?
  수경    우리?

기대가 비치는 수경의 눈빛. 종열은 반박자 늦게 캐치한다.
종열 쿡쿡- 웃고 수경도 장난스럽게 웃는다.

  종열    오늘은 안 돼. 오늘은 집에 가야지.

단호한 종열의 말에 수경은 실망을 감추고 더 장난스럽게 이야기한다.

  수경    농담이야. 나도 바빠. 나 그렇게 한가한 사람 아니야.

종열이 수경의 귓볼을 쓰다듬자 수경은 종열의 손에 볼을 댄다.
그렇게 기분에 빠져들려는데
종열이 손을 빼고 지나가는 택시를 세운다.
종열이 수경에게 작별 뽀뽀를 하려고 하는데 수경이 괜히 피한다.
그러자 종열은 수경 얼굴을 잡고 억지로 뽀뽀를 한다. 수경은 싫은 척

하지만 기분이 좋아 보인다.
문이 닫히고 택시가 출발한다. 수경의 얼굴이 무표정이 된다.


### 7. 거실 — 저녁

수경이 들어온다. 온 집 안에 불이 다 켜져 있고 TV에서는 정신 사납
게 오락 프로그램 소리가 떠들썩하다.
수경의 얼굴이 구겨진다.

> 수경    아니! 진짜! 왜 맨날 이렇게 쓰지도 않는 불을 다 켜놓는
>         거야! 도저히 이해할 수가 없다 진짜.
>         전기세, 수도세 뭐 하나 보태지도 않으면서!
>         뭐든 쓸 줄만 알고 정서불안이냐?

잠들어 있던 이정이 수경의 잔소리에 눈치를 보며 일어난다.
수경은 온 집 안을 돌아다니며 불을 다 끈다. 거실 불만 남았다.

> 이정    타이레놀은?
> 수경    뭐?
> 이정    타이레놀. 배가 너무 아파. 생리통 때문에.

자다 일어나 산발이 된 이정을 가만히 한심스럽게 보는 수경.

수경     넌 왜 내 안 좋은 것만 다 가져갔냐.

이정이 남은 거실 불을 끄고, 방으로 들어가는 수경.

수경     나는 온몸이 다 아파.

이정이 어둠 속에 우두커니 서 있다.

이정이 베란다로 가서 건조대에 걸려 있는 수경의 블라우스를 하나
들고 자신의 방으로 들어간다.


8. 대형마트 안 ― 낮

짐을 양손에 들고 사람들 틈을 필사적으로 헤쳐나가는 이정. 거칠게
숨을 몰아쉬는데, 지쳤다기보다는 오히려 그 반대이다. 주체하지 못할
감정이 이정의 숨으로 새어나오고 있다. 심지어 눈물까지 맺힌 이정.
무언가를 찾는 듯 주변을 둘러보지만 즐거워 보이는 사람들뿐이다.
마트 안은 연말을 맞아 풍선, 현수막 등으로 화려하게 치장되어 더 정
신이 없다. 그 사이 가만히 떠오르는 반짝이 풍선 하나가 보인다. 소리
도 없이 붕- 떠오르다가 이내 터지고 만다.

아이 아빠     저기요- 이봐요!

소란스러운 곳에서도 기어이 뛰고 마는 수경. 젊은 부부가 우는 아이를 달래며 수경을 부르지만 그녀는 뒤도 돌아보지 않고 앞으로 걸어나간다. 풍선을 나눠주던 아르바이트생이 안절부절못하며 아이에게 다른 풍선을 쥐어주지만 아이는 좀처럼 울음을 멈추질 않는다. 이정이 수경을 서둘러 쫓아간다.

### 9. 대형마트 주차장 안 ― 낮

수경의 샌들 소리, 짤랑이는 휴대폰 액세서리 소리가 주차장에 요란하게 울린다. 빨간색의 국산 소형차에 타는 수경. 이정은 그제야 수경이 자신을 놓고 떠날까봐 달려간다. 차 옆에서 잠시 숨을 고르고, 잠수하듯 숨을 들이쉬고 차에 탄다.

수경이 시동을 건다. 달달달― 모터 소리만 차 안을 채운다. 이정은 참아보려 하지만 씩씩대는 숨이 새어나온다. 모터 소리에 간헐적으로 이정의 숨소리가 섞여 들어오자 수경의 미간이 신경질적으로 구겨진다. 갑자기 이정의 머리를 내리치는 수경.

      수경     너 뭐가 잘나서 씩씩대? 어, 너 지금 화났다 이거냐?

별안간 얻어맞은 이정은 억울함에 눈물이 맺힌다. 대답하면 더 맞을 걸 알기에 훌쩍이며 괜히 입술만 달싹거린다. 수경은 급기야 마구잡이로 이정을 때리기 시작한다.

　　수경　　질질 짜지 좀 마!

더 이상은 못 견디겠다는 듯 뛰쳐나가는 이정. 차 앞으로 걸어가 수경
을 노려본다. 수경도 잔뜩 흥분한 상태로 이정에게 금방이라도 달려들
것 같은 표정이다. 이정이 이내 등을 돌리고 마트 입구로 걸어가는데,
수경이 탄 차가 이정을 덮친다.

핸들에 꼬꾸라진 수경. 누군가가 비명을 지르고, 수군대며 사람들이
몰려든다. 운전석의 수경이 처박혀 있던 고개를 든다. 헝클어진 머리
카락 사이로 밖을 살펴보지만 이정의 모습은 보이지 않는다. 다리가
풀려 쏟아지듯 밖으로 나오는 수경. 거의 기어서 앞으로 간다. 차 헤드
에 가려져 보이지 않던 이정의 모습이 조금씩 보인다. 이정이 다리를
감싼 채로 앉아 있다. 수경의 손이 발발 떨린다. 오히려 이정은 아주
고요하다. 냉정하고 차분하다.

### 10. 대형마트 주차장 안 ― 낮

보험사 직원(30대, 남)이 차를 둘러본다. 수경은 직원 곁에서 흥분해서
방금 전 상황을 늘어놓는다. 몰려들었던 사람들 중 대다수는 이미 떠
났고 새롭게 지나가는 사람들이 때때로 쳐다본다. 새로운 사람들은 수

경의 수다스러움에 상황을 쉽게 알 수 있었고 수경은 마치 일부러 그들에게 알리듯이 같은 내용을 반복해서 이야기한다.

수경    갑자기 확- 앞으로 쏠리는 거야. 내가 진짜. 말도 안 나와. 얼마나 놀랐던지. 나는 그냥 아무것도 안 하고 손도 핸들에 올려놓지도 않았어. 발도 가만히 있었는데 차가 그냥 움직이더라고. 차가 앞으로 확 움직이니까 머리도 앞으로 확. 아 씨 이거 머리 혹 났네. 뇌진탕 아니야?

직원    이번 달에 벌써 세번째네요.

수경    그러니까! 벌써 세번째라니까! 이게 생각해보니까 그때도 그랬어. 내가 그때도 분명히 뭐 아무것도 안 한 거 같은데 차가 뒤로 혹 가더라고. 왜 진작에 몰랐지? 사람이 당황스러우니까 막- 정신이 왔다갔다 해. 나는 내가 그런 건 줄 알았지. 왜 그 뭐냐, 그거 급발진. 그거인 줄 몰랐지. 하기야 내가 운전을 20년 넘게 했는데 괜히 요즘 왜 이러나 했네.

보험사 직원이 조수석에 걸터앉아 있는 이정에게 합의서 건넨다.

직원    합의하시면 여기 사인하세요.

하얀색 사인칸 위에 작은 글씨로 사고, 상해, 가해자, 피해자 등의 단어 들이 눈에 띈다. 이정은 쉽게 사인하지 못한다.

직원  이거 세번째라 보험료가 크게 증가하겠는데요.

수경의 표정이 이정을 바라보듯 굳는다.

수경  왜?

직원  세번째니까요.

수경  내 실수가 아니라니까? 급발진인데 왜 보험료가 올라?

직원  아 예…. 일단 점검을 맡겨보시고 급발진이라고 인정이 되
      면 상승이 안 되는데요. 그런 경우가 잘 없어요.

수경  저번에는 사실 잘 기억이 안 나는데 이번에는 확실히 급발
      진이라니까. 차가 지 혼자 움직였다고.
      아 아니, 저번에도 확실해. 확실히 저번도 급발진이야.

직원  아 예…. 뭐 저는 일단 점검을 맡겨보시라는 말밖에는 해
      드릴 말이 없어요. 결과 나오면 자동차 회사에 소송을–

수경  왜 그렇게 쳐다봐?

직원  예?

수경  왜 그렇게 쳐다보냐고.

직원  아니 고객님…. 제가 뭘 어떻게 쳐다봤다고….

수경  지금 내가 거짓말한다는 거야? 내가 실수했는데 뭐 덮어
      씌운다는 거야?

직원  (억지로 웃으며) 아니요. 고객님. 고객님 실수가 아니시겠죠.
      근데 이게 급발진 승소 사례도 없고. 보니까 올해가 세번
      이고 이전에도 1년에 한두 번씩은 사고가 계속 있으셨는
      데 그래서 아무래도 좀 어렵지 않을까 해서–

수경   그러니까 지금 내 실수라는 거잖아!

죄송하다고 사과하는 직원의 말에도 쉽사리 흥분을 가라앉히지 못하는 수경. 격앙된 수경이 큰소리를 내자 사람들이 걸음을 멈추고 몰려든다. 사과하는 직원과 반말로 소리지르는 고객. 사람들은 수경이 진상 고객인 것을 알아차리고 불편한 표정으로 수경을 바라본다.
단지 관찰자로서 그들을 지켜보던 이정. 씩씩대는 수경 뒤에서 작지만 분명한 목소리로 말한다.

이정   엄마 실수 아니에요.

돌아보는 수경. 그제야 수경은 이정의 존재를 깨닫는다.
수경은 자신의 입장에 보태기를 기대하며 이정을 바라본다.
이정이 수경을 똑바로 바라본다.

이정   일부러 그런 거예요.


11. 8인 병실 — 오전

오전 11시경의 8인 병실. 모자란 잠을 자거나 휴대폰을 하는 병실 사람들. 대체로 나른한 기운이다.
이제 막 일어난 이정이 보조의자에 받아두었던 조식 식판을 조심히 가져온다. 다른 환자들에게 방해가 될까봐 개인 커튼을 치는데, 한쪽 다리 깁스 때문에 불편해 보인다. 다시 침대에 앉아 소리 죽여 조용히 밥을 먹는다. 입맛이 없는 듯 깨작깨작 먹는다.

짤랑짤랑- 커튼 밖에서 휴대폰 액세서리 부딪치는 소리가 요란스럽게 다가온다. 긴장하는 이정. 커튼이 활짝 열린다. 수경이 이정에게 눈길도 주지 않고 탁자에 액자와 음료수를 꺼내놓는다. 액자는 방금 산 듯 가격 스티커를 떼어낸 자국이 있다. 딸깍- 음료수 뚜껑을 열며 텔레비전 채널을 맘대로 돌리는 수경. 보조의자에 앉아 음료수를 마시며 큰소리로 웃는다. 이정도 아무렇지 않은 듯 꾸역꾸역 밥을 먹는다. 일부러 더 크게 한 술 뜨고 밥그릇을 싹싹 긁는다. 다른 환자들의 불편한 기색에도 두 사람은 신경전을 멈추지 않는다.


(시간 경과)

동물 모양의 픽셀 캐릭터가 길을 건넌다. 큰 트럭이 다가오더니 곧 둔탁한 소리와 함께 캐릭터가 차에 깔려 납작해진다.

수경의 모바일게임 화면이다. 요란한 배경음과 둔탁한 효과음이 이정의 신경에 거슬린다. 그러나 자신을 열받게 만들려는 수경의 의도를 알아채지만 이정은 반응하지 않는다.

모바일게임 소리가 멈추고 이정의 등에 수경의 손이 가만히 얹어진다. 갑작스런 스킨십에 뒤를 돌아보자 수경의 뒤에 보험사 직원이 서 있다. 저번과는 다른 직원이다.


    직원     안녕하세요. 몸은 괜찮으세요?
    수경     예. 괜찮아요. 음료수 좀 드세요.

음료수를 건네는 수경. 직원이 바로 따서 한 모금 마신다.

직원   아 감사합니다. 휴대폰으로 보내주셔도 되는데 연락이 잘
     안 되셔서….

보험사 직원이 가방에서 합의서를 꺼낸다.
이정, 아무 말 없이 벌떡 일어나 병실 밖으로 나가버린다. 수경은 빠져
나가는 이정의 뒷모습을 잠시 노려보더니 표정을 풀고는 어색한 기운
에 괜히 눈치를 보는 보험사 직원에게 웃어 보인다. 탁자 위의 액자를
잘 보이는 방향으로 바꾸는 수경.

수경   살짝 다퉈가지고…. 삐졌네. 애가 좀 쫌스러워서.
직원   아 네…. 아, 저 잠시만요.

보험사 직원이 통화를 하러 자리를 비운다.
수경은 TV로 시선을 옮기고, 문득 뒤를 돌아보는데 아무런 기척이 없
다. 합의서를 슬쩍 자신의 앞으로 가져오는 수경.
사인칸에 이정 대신 사인한다.



12. 8인 병실 ― 오전

이정이 사복 차림으로 창밖을 보고 있다.

주변을 산책하거나 벤치에 앉아 있는 사람들. 너무나도 평화롭다.

잘못했다고 인정해.

이정이 보낸 메시지가 '읽음'으로 표시되어 있지만 수경의 답장은 없다.
침대에 일어나 나가는 이정. 여전히 깁스한 다리가 불편해 보인다.
혼자 덩그러니 남은 액자. 액자에는 술에 취한 듯 빨간 얼굴로 웃고
있는 수경과 운 듯 빨간 눈의 중학생 이정이 어색하게 어깨동무를 하
고 있다.

### 13. 서비스센터 ─ 낮

테이블에 잡동사니 몇 개가 늘어져 있다. 휴대폰이 테이블을 가로지
른다. 사방으로 잡동사니들이 밀려난다.

     **센터 직원**  보통 차체에 이상이 있으면 이렇게 끝까지 달리거든요.

서비스센터 직원이 이번에는 테이블 위에 잡동사니 하나만 올려두고
휴대폰으로 툭 밀친다.

     **센터 직원**  멈췄다는 건 100프로 운전자 분의 문제입니다. 차량에
        는 아무 문제가 없는 것으로 결과가 나왔어요. 점검표 확

인해보시구요.

점검표를 훑어보는 이정.

　센터 직원　확인해보셨으면 여기 사인하시면 됩니다.

이정이 '이상 없음'이라고 적힌 점검표에 가볍게 사인한다.


　　14. 차 안 ― 낮

사고가 났던 차 안에 앉아 있는 이정. 운전대에 머리를 대고 앉아 한
손으로는 차키를 만지작거린다. 차 내부의 액세서리, 동전들, 먹던 생
수. 모든 것이 그대로이다. 골똘히 무언가를 생각하던 이정은 생수를
따서 벌컥벌컥 마신다.
이정이 차키를 꽂는다. 그리고 돌린다.
시동이 걸렸다. 차가 움직인다. 출발한다.


　　15. 주공아파트 입구 ― 노을

하드를 먹으며 걸어가는 수경. 한 손에는 리코더, 다른 한 손으로는 휴

대폰을 들고 종열과 영상통화 중이다.

종열    뭐?

수경    비밀이야.

종열    피아노?

수경    아니–

종열    통기타?

수경    으음!

종열    힌트 좀 줘.

수경    음… 길쭉하고… 입으로 하는 거?

종열    음… 알 것 같기도? 근데 그런 걸 유튜브에서 알려주나?

수경    아 진짜!

농담에 웃음을 터트리는 두 사람. 영상통화 화면의 수경의 얼굴 뒤로
빨간색 국산 소형차가 보인다. 웃다가 발견하고는 화면을 확대해보는
수경. 깜짝 놀라 돌아보는데 사고차가 떡하니 세워져 있다. 수경의 얼
굴이 벌게진다.

### 16. 거실 ― 노을

현관문을 벌컥 열고 들어오는 수경.
그대로 이정 방으로 돌진한다. 아무도 없다. 수경의 방에서 인기척이

들리자. 다시 자신의 방으로 돌진한다.

방문을 열자 샤워를 마친 이정이 팬티를 입고 있다.

문 옆에서 가만히 이정을 노려보는 수경.

이정은 애써 수경을 무시하지만 언제 달려들지 몰라 얼른 자신의 방으로 간다.

　　　수경　　그래. 빨리 뒤지고 싶으면 뒤져라!

이정은 안전한 자신의 방에 들어오자 마음 놓고 문을 힘껏 닫는다.

이정의 소심한 반항에 수경은 방문에 달려들지만 이미 문은 잠겼다.

분에 못 이겨 손에 들고 있던 리코더를 내리치는 수경.

리코더가 부서진다.


## 17. 거실 ― 오전

다음날 아침, 출근 준비를 하고 나서는 이정.

수경은 TV로 아침 건강 프로그램을 보면서 지압 훌라후프를 돌리고 있다.

이정은 TV 거실장 위에 올려놓은 차키를 가져가려는데 훌라후프 때문에 쉽지 않다.

수경은 더 힘차게 훌라후프를 돌린다. 과장되고 우스꽝스러운 몸짓.

이정은 일부러 나를 놀리는 건가 싶지만 내색하지 않는다. 기어서 거

우 차키를 잡은 이정. 집을 나간다.
이정이 나가자 수경은 훌라후프를 멈춘다.
잠시 후 베란다로 나가 슬쩍 아래를 내려다본다.
이정이 탄 사고차가 쭉 입구로 빠져나간다.

　　수경　　고쳤나…. 잘 나가네….

혼잣말을 하더니 다시금 거실로 가 훌라후프를 돌린다.


## 18. 사무실 계단 — 오전

낡은 계단에 잡동사니들과 각종 언어 교재들이 쌓여 있다.
비좁은 그 사이에 이정과 전자담배를 피우는 박차장(30대 후반, 남)이
서 있다. 당혹스러운 표정의 이정이 박차장에게서 사무실로 시선을
옮긴다.
유리문 건너 소규모 아동 교재 사무실이 보이고,
이정의 자리에는 이미 직원 문소희(20대 중반, 여)가 교육을 받고 있다.

　　박차장　요즘에 회사 상황이 정신이 없잖아. 그래서 전달이 잘 안
　　　　　　됐나보다.
　　이정　　…
　　박차장　그래도 부서 이동 정도야 뭐 잘린 것도 아니고,

31

원래 이렇게 기○ 피사는 나 놀아가면서 하는 거야.
그래야 업무도 다양하게 파악하고 그러지.
부서가 무슨 의미가 있겠어.
그냥 그때그때 필요한 곳에서 필요한 일을 하는 거지 뭐.

이정   저 영업일은 한 번도 안 해봤는데요.

박차장  하하. 별거 없어. 그냥 하면 돼 그냥. 하다보면 다 돼.

신입 직원 문소희가 갑자기 유리문을 벌컥 열고 몸을 반쯤 빼고 처다
본다.

문소희  박차장님, 담배 나가서 피우래요.

문소희는 도대체 왜 자신이 전달을 해야 하는지 영문을 모르는 뚱한
표정으로 볼멘소리를 하고는 다시 쏙 들어가버린다.
전자담배를 끄는 박차장. 표정이 좋지 않다.

박차장  문소희 씨는 표정만 보면 무슨 최소 3년 만기 근무야.
신입 특유의 풋풋함이 하나도 없어.
오히려 이정 씨가 눈빛이 좋지.
에휴- 이정 씨 아프면 안 돼.
그렇게 쉽게 자리 내주면 안 된다. 응?
채울 사람이 줄을 섰다-

박차장이 계단을 오른다.

## 19. 수경의 방 — 저녁

이정이 수경의 방문을 슬쩍 열어본다. 아무도 없다.
수경의 방은 전체적으로 너저분하다. 화장대에 꺼내놓은 물건들이 그
대로 놓여 있고 바닥과 옷장, 침대에 옷가지들, 머플러가 아무렇게나
벗어져 있다.

(시간 경과)
샤워를 한 이정이 서랍에서 익숙하게 속옷을 꺼내 입는다. 문득 손톱
을 보는데 거스러미가 일어나 있다. 속옷 칸 위쪽의 서랍을 열어 손톱
깎이를 찾는 이정. 손톱깎이를 꺼내는데 구석에 구겨진 편지 봉투가
눈에 띈다.
구겨지고 얼룩져 아무렇게나 던져진 편지 봉투는 미개봉 상태이다.
침대에 앉아 편지를 열어본다.

> 사랑하는 엄마. 저 이정이에요. 엄마 오늘은 1월 1일 새해예요. 새해
> 에는 착한 딸이 되도록 노력할게요. 공부도 집안일도 열심히 할게
> 요. 힘든 엄마를 많이 헤아려드리지 못해서 죄송해요. 엄마. 사실 엄
> 마께 부탁하고 싶은 게 있어요. 엄마는 제 이야기를 들어주지 않으
> 니 이렇게 편지를 썼어요. 저를 때릴 때 회초리로 때려줄 수 있나요?
> 제가 잘못한 만큼 정해진 수대로 맞았으면 해요. 때에 따라, 곁에 무
> 엇이 있나에 따라 매도 양도 달라지니 견디기가 힘들어요. 엄마가
> 규칙에 따라 저를 벌해준다면 제가 무엇을 잘못했는지 더 정확하게
> 알 수 있을 것 같아요.

담담히 편지를 들고 있는 이정의 손톱 끝이 하얗다.
이정이 침대 아래의 머플러를 들고 수경의 방을 나간다.

### 20. 거실 ─ 오전

이른 아침. 소파에 누워 잠들어 있는 이정. 보는 사람 없는 TV가 혼
자 떠들고 있다.
이정의 휴대폰에 문자가 왔다. 이정이 잠결에 문자를 본다.
증인이 되어달라는 자동차 회사 측 변호사의 문자이다.
현관문 소리가 들린다.
그냥 계속 자는 척을 하는 이정. 다가오는 발소리.
수경이 리모컨으로 TV를 끄고 그냥 방으로 들어간다.
이정은 일어나 화장실로 들어가다가 열린 수경의 방 쪽을 슬쩍 본다.
열린 문틈으로 겉옷도 벗지 않고 침대에 앉아 휴대폰을 보며 미소를
짓고 있는 수경이 보인다.

### 21. 키즈카페 ─ 낮

이정이 교재 판매부스에 앉아 수경의 카카오톡 프로필을 본다.
밤바다 앞에서 수경이 포즈를 취하고 있다. 바람이 많이 불어 머리카

락이 얼굴을 반쯤 가렸지만 수경의 행복한 표정은 가려지지 않았다.
정신없이 소리 지르고 뛰어다니는 아이들의 웃음소리가 수경의 표정
과 함께 들린다.
묵직한 박스를 턱- 내려놓는 박차장. 이정이 괜히 테이블 위를 정리한
다. 박차장은 박스 안에서 종이 뭉치를 꺼내 테이블 앞에 놓는다.
이미 작성된 신청서이다.

            박차장 영업 스킬.


(시간 경과)
교재 판매부스에 아이 엄마 대여섯이 모였다. 박차장은 조급하게 선
뜻 신청서를 건네지 않는다. 다만 천천히 정확하게 교재를 설명한다.
덕분에 아이 엄마들은 여유롭게 박차장의 설명을 듣는다.
박차장은 청바지와 얼룩이 묻은 티셔츠를 입은 엄마를 지켜보다 그
옆에 서 있는 아이에게 말을 건다.

        박차장 어린이. 몇 살이에요?
        아이    여섯 살이요-
        박차장 어린이. 학원이나 학습지 뭐 해요?
        아이    독서!
        박차장 영어나 다른 거는?
        아이    (해맑게 웃으며) 안 하는데!
        얼룩 엄마   아직 유치원생이라….
        박차장 (괜히 피식 웃으며) 아휴. 어머님. 제가 80년대생인데 저도 영

어 학원을 다섯 살 때부터 다녔어요.

멋쩍게 웃는 얼룩 엄마. 옆을 보는데 다른 엄마들도 입가에 웃음이 있다. 얼룩 엄마에게 왠지 모를 수치심이 보인다.
이번에는 원피스를 입은 젊은 엄마에게 말을 건다.

　　박차장　따님은 어떤 거 하나요?
　　원피스 엄마　영어, 독서, 수영이요.
　　박차장　아 골고루 하시네요. 그런데 수학이 좀 아쉽네.
　　　　　　요즘 수학도 다들 입학하기 전에는 시작하는데.
　　원피스 엄마　저도 그게 고민이었어요!

얼룩 엄마가 대화를 엿들으며 테이블 위에 올려진 작성된 신청서 뭉치를 만지작거린다.

　　얼룩 엄마　　영어 신청서 한 장 주세요.
　　　　　　　　12개월이면 영상서비스 무료죠?
　　박차장　네. 12개월부터 무료예요. (신청서를 건네며)
　　　　　　요즘 많이들 유튜브 틀어주시잖아요. 저도 알거든요.
　　　　　　이게 유튜브 없으면 뭘 할 수가 없잖아요 잠시도.
　　　　　　근데 또 틀면 다른 영상도 같이 뜨고 중간 광고 나오면 나
　　　　　　도 사달라 떼쓰고. 그런데 저희 윙윙 영상서비스는 광고도
　　　　　　없고 수준도 있으면서 재미가 있다! 유튜브로 만화 같은
　　　　　　거 틀어주면 괜히 찝찝하고 학습영상은 재미없어서 엄마

찾고. 근데 윙윙 영상서비스는 공부도 되는데 재미가 있
네?

본격적인 관심을 갖는 아이 엄마들이 한꺼번에 질문을 하는 탓에 박
차장은 정신이 없다.
박차장 뒤에 서 있던 이정에게 말을 거는 아이 엄마.

　　아이 엄마　　이거 독서랑 수학이랑 패키지로 하면 얼마예요?
　　이정　　네?
　　아이 엄마　　영어, 독서 패키지 말고 독서, 수학도 묶을 수 있어요?
　　이정　　아, 그 영어랑 독… 아니 독서랑 수학 패키지요…?
　　　　　　잠시만요….

팸플릿을 펼쳐보는 이정. 넘겨보면서 찾는데 정보가 단번에 보이지 않
는다. 아이 엄마가 답답한 표정으로 서 있다. 박차장이 흘깃 본다.

　　박차장　　과목 상관없이 묶으실 수 있고요. 여기에 한 과목 더해서
　　　　　　세 과목이면 10프로 추가 할인 들어갑니다.

아이 엄마도 박차장 쪽으로 붙는다. 모든 엄마를 혼자 상대하는 박차
장. 이정은 팸플릿을 정리한다.

22. 키즈카페 주차장   노을

땀을 삘삘 흘리며 양손으로 박스를 들고 있는 박차장. 그냥 무거워서
인지 혼자 일을 다 하는 것 같아 그런지 짜증이 역력한 표정이다.
조금 뒤 목발을 짚은 이정이 낑낑대며 걸어와 트렁크를 연다. 던지듯
박스를 트렁크에 넣고 신경질적으로 닫아버리는 박차장.
박차장이 운전석으로 간다.

　　박차장　(차 문을 열며) 타.
　　이정　　아… 저도 차를 가져와서요.
　　박차장　(타려다 말고 이정의 깁스에 눈짓하며) 그 다리로?
　　이정　　조심히 하면 돼요. 그리고 멀쩡한 차니까 타고 다녀야죠.

무슨 말인지 모르겠다는 표정으로 이정을 바라보다가 이내 고개를 젓
고 차에 탄다. 시동을 걸고 출발하려다가 차창을 내린다.

　　박차장　이정 씨.
　　이정　　(허리를 굽힌다) 네?
　　박차장　무슨 말을 해야 할지 모르겠지? 이거저거 말해야지 알 것
　　　　　　같다가도 고객들 얼굴 보면 아무 생각도 안 나고. 원래 생
　　　　　　각대로 잘 안 돼. 생각을 하지 마. 사람들이 입만 터는 직
　　　　　　업이라고 영업을 무시하는데 영업에도 근육이 필요하거든.
　　　　　　여기 멘탈에. 하루아침에 안 돼. 몸 만드는 거랑 똑같아.
　　　　　　차근차근 단련을 시켜야지. 그러다보면 그냥 막- 말이 와

다다다 쏟아질 때가 있을 거야.

이정        …

생각에 빠진 이정을 보더니 손을 휘저으며 피식 웃는 박차장. 떠난다.
이정도 차 쪽으로 가는데 휴대폰에 메시지가 왔다.

가게로 와. 얘기 좀 하자.

수경이다.


### 23. 좌훈방 가게 — 이른 저녁

도어벨과 함께 이정이 문을 열고 들어온다.
수경이 흠칫 놀라더니 다시 아무렇지도 않은 척한다.

수경        빨리 왔네.

고개를 돌리는 이정.
종열이 좌훈항아리에 연분홍 좌훈치마를 입고 땀을 뻘뻘 흘리고 있
다. 민망한지 괜히 더 호탕하게 웃는 종열.

종열        반갑다. 너가 이정이구나!

그 모습이 마치 고사 돼지머리 같다.


## 24. 식당 — 저녁

방으로 된 고급 고깃집. 불판에 돼지갈비가 구워지고 있다. 메뉴판을 보는 이정. 돼지갈비가 제일 싸다.
자연스럽게 종열의 공깃밥 위에 익은 고기를 올려주는 수경과 익숙하게 받아먹는 종열. 자꾸만 익은 고기를 가져가는 수경 때문에 이정은 타이밍을 놓치고 다른 고기가 익을 때까지 기다린다.

    수경    너 사고차 타고 다니지 마. 자동차 회사 고소했어.
              괜히 책잡힐라.

이정은 묵묵히 밥만 먹는다.

    종열    그래 이정아. 그런 거 하나하나가 다 증거가 되는 거야.
              좋을 게 없어. 무엇보다 차 상태도 안 좋은데 더 큰 사고
              가 나면 어떡해. 이참에 보상금도 받고 차도 환불받고 그
              래야지.
              '흉기차'라고 하잖아. '흉기'.
              끌고 다니면 남도 죽고 너도 죽고 다 죽는 거야.

갑자기 대화에 참여하는 종열.

이정    (종열을 슬쩍 보더니 다시 수경에게 고개를 돌린다)
　　　　서비스센터에서 아무 문제 없대.
종열    자회사 서비스센터인데 당연히 문제가 없다고 나오겠지.
　　　　(갑자기 열을 올린다) 자동차 회사도 참 왜 있는 걸 없다고
　　　　하는지 모르겠어. 이렇게 사고가 났는데 아니라고 잡아떼
　　　　고, 사고 때 보험사 직원도 엄마 무시하고 그랬다며. 고객
　　　　을 그렇게 비웃는 경우가 어딨어. 이전 접촉사고들 거론하
　　　　면서 엄마 실수라고 몰아붙이고. 그것들도 다 급발진인데.
　　　　자동차 회사나 보험사나 다 한통속이야. 우리끼리 똘똘 뭉
　　　　쳐야 그나마 승산이 있어. 그러니까 엄마 말대로 사고차
　　　　안 타고 다니는 게 맞지.

종열의 말을 듣고만 있던 이정이 가만히 앞머리를 올린다.
이정의 이마에 깊은 흉터가 보인다.

이정    이것도 엄마가 한 거예요.

수경의 얼굴이 일그러진다. 이정이 자리를 박차고 나간다.

## 25. 식당 카운터 — 저녁

방에서 나온 이정이 식당 밖으로 나가려다가 카운터로 되돌아간다.
쇼케이스 안의 선물 세트를 둘러본다.

    이정    여기 30만 원짜리 꽃등심 세트 주세요.
    점원    네, 손님. 결제 도와드릴게요.
    이정    결제는 5호실에 영수증 달아주세요.
    점원    네 포장해드릴까요?
    이정    아니요. 그냥 가져갈게요.

꽃등심 세트를 들고 이정이 유유히 식당을 빠져나간다.


## 26. 거실, 이정의 방 — 저녁

잔뜩 흥분하여 씩씩대며 수경이 들어온다.
식탁을 보자 이미 포장지밖에 안 남은 꽃등심 세트.
수경은 이정의 방문을 열자마자 이정의 뒤통수를 갈긴다. 책상에 앉
아 컴퓨터를 하던 이정은 무방비 상태로 수경에게 이전처럼 맞는다.
이정은 더 이상은 참을 수가 없어 방어적으로 수경을 밀친다.
둘은 이내 서로의 머리끄덩이를 잡고 뒤엉키기 시작한다. 작은 방에서
가쁜 숨을 들이쉬며 몸부림을 치고 있는 이정과 수경.

마침내 서로 나가떨어진다.

이정이 수경을 보는데 눈이 벌건 수경의 입가에 생채기가 나 있다.

자신이 수경에게 상처를 냈다는 것에 놀랍기도 하고 어쩐지 통쾌함도 느끼는 이정. 수경도 입가에 무언가 흐르고 있다는 것을 느끼는 듯 입술을 핥더니 손으로 확인한다. 자신의 피를 본 수경도 적잖이 놀란 듯하다.

이정이 어느새 자신이 감당할 수 없는 힘을 내는 것이 수경은 당황스럽다.

　　수경　　미쳤다… 미쳤어.

수경은 서열 정리에 패배한 짐승처럼 쓸쓸히 안방으로 퇴장한다.


### 27. 현관 — 새벽

어스름 속에서 수경이 어딘가 다녀온다.


### 28. 주공아파트 단지 — 이른 아침

고요한 이른 아침. 단지 내에는 바람소리 이외에는 아무 소리도 들리

지 않는다. 목발을 짚고 차로 가는 이정. 멀리 보이는 차에 흰색 종이
가 더덕더덕 붙어 있다.

가까이. 조금 더 빠르게 다가간다.

'흉기차'라는 빨간 글씨.

이정은 종이들을 떼려고 해보지만 작정하고 본드로 붙여놔서 도저히
떨어지지 않는다.


### 29. 도로 — 이른아침

더디게 움직이는 출근길. 왠지 다른 차들이 이정의 차를 피하는 것
같다. 겨우 앞 유리 쪽은 시야를 확보했지만 여전히 종이 흔적이 남아
있다.

이정은 어디론가 전화를 걸고 있다.

    이정     외제차 탄 것 같네….

              (사이) 아, 여보세요. 최태호 변호사님? 네, 저 김이정입니다.

              문자 봤어요. (사이) 네, 증인… 해보려고요.

## 30. 사무실 — 오전

아직 아무도 출근하지 않은 빈 사무실. 이정은 익숙하게 블라인드를
올리고 환기를 시킨다.
이정은 자신의 옛자리에 가서 앉는다. 연필꽂이에서 자신의 펜을 꺼내
는데 이미 펜에 신입 문소희의 이름이 붙어 있다. 이정의 미간이 옅게
이그러진다. 손톱으로 견출지를 벗기려는 이정. 잘 벗겨지지 않는다.
미처 챙기지 못했던 개인 물품들을 챙기는데 구석에 아무렇게나 던져
진 문소희의 USB에 달린 열쇠고리가 눈에 띈다. 맹하게 생긴 공룡 열
쇠고리. 열쇠고리를 만지작거리는 이정.

　　　문소희　뭐 하세요?

사무실 입구에 문소희가 어느새 서 있다.
이정은 자신도 모르게 열쇠고리를 주머니에 넣는다.

　　　이정　　아… 개인 물건 챙기려구요.

이정이 다시 주섬주섬 물품을 챙기는데 문소희가 다가와 책상 아래에
서 상자를 꺼낸다. 상자 안에는 이정의 물건이 차곡차곡 정리되어 있
다. 이정의 연필꽂이는 아예 통째로 담겨 있다.

　　　문소희　물건들을 함부로 만지기 좀 그래서 그냥 놔뒀어요.
　　　　　　　손에 걸리는 것만 정리해뒀어요.

이정    감사합니다….

민망한 이정은 서둘러 펜을 다시 문소희의 연필꽂이에 꽂고 나서 상
자에 나머지 물품을 넣고 자신의 새 자리로 간다. 새 자리에 앉아 자
신의 개인물품을 정리하던 이정은 주머니에서 열쇠고리를 꺼내본다.
후회하는 이정. 열쇠고리를 주머니에 넣는다.
잠시 후 쭈뼛대며 다시 문소희에게로 다가가는 이정.


이정    저… 의자를 바꾸면 안 될까요?
        제 몸에 딱 맞게 조절해놓은 거라.


가만히 이정을 올려다보는 문소희.
이정은 문소희의 시선에 긴장한다.


문소희  저 의자 쓰면 되죠?


문소희가 이정의 자리로 간다. 둘은 서로의 의자를 들고 자신의 자리
로 향한다. 정돈되지 않은 채 마구 쌓인 교재들이 의자 바퀴에 걸려
쓰러진다. 좁은 통로에서 끙끙대며 힘들게 의자를 교환하는 두 여자.

## 31. 키즈카페 건물 복도 ─ 낮

길고 넓은 복도. 그 어둡고 고요한 큰 공간에 이정 홀로 서 있다.
이정이 무언가를 외우고 있다. 작고 빠른 속도로 읊조리는데 마치 주
기도문을 외우는 것 같다. 중간중간 엄마, 아이, 교재, 성장, 교육, 영
향… 등의 단어가 들린다.


## 32. 키즈카페 판매부스 ─ 낮

키즈카페 판매부스를 정리하는 이정과 박차장.
박차장이 이정을 슬쩍 본다.

     박차장  이정 씨, 이제 감 좀 잡은 거 같던데?

이정이 말없이 쑥스러운 미소를 짓는다.

     박차장  아직 좀 어설프긴 하지만 그래도 선방했어.
     이정    감사합니다.

교재를 정리하다 동화책에 시선이 가는 이정.
《손가락 문어》《콧구멍을 후비면》《틀려도 괜찮아》《치카치카 군단과
충치 왕국》. 이정 동화책을 넘겨보는데 너무나도 기본적인 생활 습관

과 감정에 대한 내용이나.

박차장 가져가서 봐. 내용을 일아야 팔지.
이정　네… 근데 엄청 음… 좀… 쉽네요.
박차장 3~4세용이잖아. 아가들은 그 당연한 걸 몰라. 처음이니까.

이정, 책을 마저 정리하는데 《엄마는 나를 정말 사랑하나봐》라는 제목의 동화책이 눈에 띈다. 표지에는 서로 행복한 표정으로 안고 있는 엄마와 아기 그림이 그려져 있다.
책을 넘겨보는데 매 장마다 엄마와 아기 모델 명화가 그려져 있다.
전체적으로 부드럽고 따뜻한 색감의 그림들. 성스러운 느낌마저 든다.

## 33. 야외 파도풀장 — 낮

많은 사람들이 서로의 팔짱을 낀 채 인공 파도에 이리저리 휩쓸린다.
대체로 젊은 사람들이며 그 틈에 수경과 종열이 있다. 서로에게 의지하며 위아래로 함께 넘실대는 사람들.
수경은 자연스럽게 파도에 따라 휩쓸리는데 종열은 긴장했는지 뻣뻣하게 가라앉고 눈이며 코와 입에 물이 자꾸만 들어간다. 그 모습을 보며 수경은 웃음이 터지고 웃고 있는 수경의 입에도 물이 들어간다. 또 그 모습이 웃겨서. 서로가 웃겨서 켁켁- 웃는 두 사람.
풀장 밖 선베드에는 나이 든 여자와 남자, 아이, 엄마들이 피곤한 얼굴로 비치타월을 두르고 있다. 그들과 눈이 마주치는 수경. 자신이 즐기고 있다는 것에 우월함을 느끼며 하늘을 본다. 상승하는 열기 사이로 너무 밝은 태양이 수경과 함께 넘실댄다. 유쾌하게 웃는 수경의 얼굴 위로 자꾸 수영장 물이 빛나며 부서진다.


### 34. 종열의 차 안 — 이른 저녁

종열의 차가 수경의 주공아파트 단지에 세워진다.

> 수경    태워줘서 고맙습니다 ―
> 종열    뭘 ― 저기 있잖아. 급한 일이 있거나 아니면 그냥 필요할
>         때 편하게 (운전대를 두드리며) 이거 써.
>         물론! 언제든 운전기사가 될 수도 있지만!
> 수경    (잠시 고민하더니) 아직은 좀 힘들 것 같아. 무서워.
>         운전대 잡기가. 당분간 실례하겠습니다. 기사님.
> 종열    아… 네! 실례하세요. 사모님!

종열이 뒷좌석에서 쇼핑백을 꺼내든다. 그 안에서 로션을 꺼내는 종열. 로션을 수경의 얼굴에 콕콕 찍어 발라준다. 수경은 생각지도 못한 서비스에 놀랐지만 이내 종열의 손에 얼굴을 맡긴다.

> 종열    수영장 물이 피부에 안 좋대. 수경이 피부가 어떻든 내 눈

에는 나 예쁘시간 그냥 이렇게 해주고 싶어. 수경이가 날 신경 써주면 기분이 좋거든. 이번에는 내가 해주고 싶었어.

이미 주름지고 거칠어진 피부를 아기 피부 다루듯이 조심히 만지는 종열. 소중히 여기는 손길에 수경은 배시시 웃음이 난다. 종열은 자신의 손을 마구 비비더니 어설프게 수경의 얼굴을 감싼다. 수경의 얼굴이 종열의 손에 다 덮였다.

> 종열  딸 보니까 항상 이렇게 하더라고. 흡수가 잘된다나.
> 어때? 따뜻한가?
> 수경  응….

종열 손의 온기가 수경의 얼굴에 전해진다. 어설퍼서 쿡쿡 웃음이 난다.

> 종열  아까 풀장에서 나 계속 가라앉았잖아.
> 그래서 수경이가 보이다 말다 하는데 너무 예쁘더라.
> 숨 쉬려고 올라온 게 아니고
> 수경이가 자꾸 보고 싶어서 올라왔어.
> 코가 너무 맵고 귀도 멍멍한데 이상하게
> 당신 웃는 거 보니까 나도 웃음이 났어.
> 입에 물 들어가는데 계속 입이 벌어지면서 웃음이 나.

손을 떼는 종열. 수경이 애틋한 미소를 짓고 있다. 행복감에 괜히 눈물이 나려 한다. 민망함에 수경의 볼을 비비는 종열.
수경은 일부러 혀를 빼꼼 내밀어 종열의 손에 침을 묻힌다.

> 종열    (황급히 손을 떼고는 손에 묻은 침을 수경의 옷에 묻히며)
> 에헤이—
>
> 수경    (심술궂게 웃더니) 밥 먹고 가.


### 35. 부엌 — 저녁

이정이 현관문을 열고 들어온다. 식탁에 냄비가 올려져 있다. 냄비에 손을 대보는 이정. 온기가 남아 있다. 뚜껑을 열자 이미 한차례 먹은 냉이된장국이 바닥을 드러낸 상태로 있다. 싱크대를 보자 그릇과 수저 등이 둘씩 담겨 있다.
수경의 방문이 열려 있고 이정이 살짝 안을 들여다보자 아무도 없다. 집 이곳저곳을 돌아다니며 아무도 없는 것을 다시 한번 확인한다.
이정은 겉옷과 가방을 방에 던져놓고 화장실로 들어간다.


### 36. 화장실 — 저녁

사용한 지 얼마 안 된 듯 습기가 가득하다. 변기에 앉아 담배에 불을 붙이는 이정. 불기가 남아 있는 슬리퍼 내문에 양말이 짖있다. 짖은 양말을 벗는다. 다 피운 담배필터를 변기에 버리고 물을 내린다. 다른 담배에 불을 붙이려는데 변기물이 역류한다. 엉덩이가 다 짖은 이정은 화들짝 놀라 일어나 변기 안을 본다. 변기 안에는 물에 풀린 휴지 조각들과 콘돔 하나가 둥둥 떠 있다. 콘돔을 어이없이 쳐다보던 이정은 담배를 화장실 바닥에 버리고 맨손으로 콘돔을 건져 그대로 수경의 침대로 가 던져버린다.

## 37. 사무실 ― 낮

한가로운 사무실 분위기. 이정과 박차장은 영업 물품들을 챙기고 나머지 직원들은 무기력한 마우스 소리를 간헐적으로 내고 있다. 새 자리가 좁아 이정은 좀 불편해 보인다.

문소희가 부산스럽게 노트북과 서류를 챙기더니 사무실 내 공동 테이블로 자리를 옮긴다. 사무실 중간에 멀티탭을 가로질러 놓더니 노트북을 연결시켜 업무를 본다.

　　대표　　문소희 씨 뭐 해요?
　　문소희　오늘부터 여기서 업무 보려구요.
　　대표　　(일부러 명확하게 '공동'에 힘을 주며) 공동 테이블에서?
　　문소희　네. 제 자리가 불편해요. 너무 구석이라 답답해서요.
　　대표　　거기가 더 불편한 텐데?

문소희  아뇨. 여기가 덜 불편해요.

모두들 문소희를 본다. 대표와 문소희의 신경전을 은근슬쩍 관전한다.

　　　대표　　우리도 불편하니까… 오고가는 데 멀티탭도 걸리적거리
　　　　　　고 중간중간 우리도 테이블 써야 하는데.
　　　문소희　짐이 노트북밖에 없어서 자리 차지 많이 안 해요.
　　　　　　멀티탭은 내일 긴 거 따로 가져올게요.

물러서지 않는 문소희에 살짝 당황한 대표.

　　　대표　　그래… 뭐… 허허.

문소희는 신경쓰지 않고 업무를 시작한다. 곧 다시 직원들의 무기력한
마우스 소리가 사무실을 채운다.
이정과 박차장도 마저 물품을 챙기고 나서려 한다.

　　　박차장　다녀오겠습니다!
　　　대표　　잠깐.

사무실을 나가려는 이정과 박차장을 대표가 불러 세운다.

(cut to)
사무실 직원들이 일렬로 서 교재를 둥글게 반으로 구부린다.

어리둥절한 직원들.

> 대표　요즘 부서, 인원 변동으로 사무실 분위기가 어수선한데
> 이럴 때일수록 '우리'라는 마인드가 중요해요. 우리.
> 워크샵이라도 가면 좋을 텐데 상황이 여의치 않으니 이렇
> 게라도 합시다.
> 5분 동안 버티면 오늘 회식 쏩니다.
> 우리 사무실 호흡이 잘 맞으면 회식,
> 누구 때문에 어그러지면 뭐 어쩔 수 없는 거고.

직원들이 서로의 눈치를 살핀다. 대표가 휴대폰으로 스톱워치를 누른다. 길게 이어진 교재에 대표가 '딸랑이 공'을 놓는다.

> 대표　시작.

육아 교재 위로 공이 딸랑딸랑- 굴러간다. 공동 테이블을 가운데 끼고 직원들이 서둘러 돌고 돌아 공을 받는다. 모두들 회식에 대한 열망보다는 책임을 피하려고 애쓴다. 이정은 깁스 때문에 더 힘들어 보인다. 문소희도 쭈뼛쭈뼛 공을 받는다. 너저분하고 좁은 사무실에서 성인 직원들이 딸랑이 공을 필사적으로 받는 모습이 우습다. 대표는 아주 흡족하게 그 모습을 바라본다.

> 문소희　흡….

문소희는 웃음이 터진다. 이정도 문소희가 웃는 모습에 웃음이 나지만 간신히 꾹 참는다. 그 때문에 문소희의 공을 이정이 받지 못해 바닥에 공이 떨어졌다. 다른 직원들은 애쓰는 자신들의 모습을 비웃는 것 같아 기분이 나빠 보인다.

　　대표　　누구 책임인가?

대표가 엄한 표정으로 공을 주워 문소희와 이정 앞에 든다.
이정이 눈치를 보며 문소희를 바라본다. 둘은 눈이 마주친다.
대표가 빨리 얘기하라는 듯이 공을 딸랑딸랑- 흔든다. 다시 웃음이 터지려는 둘.

　　문소희　…저…요… 풉…!

이정과 문소희의 웃음이 걷잡을 수 없이 터지고 만다. 대표와 직원들이 그 둘을 싸늘한 표정으로 쳐다본다.

　　38. 먹자골목 ― 저녁

시끄러운 먹자골목. 이정이 취기 어린 얼굴로 통화를 하고 있다.

　　이정　　네…. 옛날에 쓴 편지가 있거든요. 거기에 그런 내용이 좀 담겨 있는데. 아, 제가 쓴 거요….

아… 흉터는 몇 개 있는데 진단서 그런 건 없구요….

### 39. 투다리호프 ― 저녁

이차 투다리호프. 모두들 이미 취기가 오른 분위기다. 대표를 포함하
여 걸러질 사람은 걸러진 몇몇만 남은 자리. 사무실 분위기와는 다르
게 어딘가 흐트러지고 들뜬 분위기다.
이정이 들어와 다시 자신의 안쪽 자리로 들어간다.

박차장   아- 왜 이렇게 전화를 길게 해!
대리      비켜주지 마! 비켜주지 마!
이정      죄송해요. 중요한 전화라.
박차장   애인?
이정      아니요.
대리      그럼 뭔데?
이정      사고 때문에요.
박차장   다리? 왜?
이정      … 사고 낸 사람이 괜히 차 탓을 해서요. 차가 혼자 움직
         였대요.
박차장   아아- 요즘에 그런 사람들 많다. 근데 웃긴 게 거의 지
         실수야. 보면 꼭 기어 잘못 넣은 거라니까. 그런 사람들 때

문에 우리 보험료가 올라가는 거야.

이정    근데 실수가 아니에요.

박차장    실수가 아니면?

이정    아주 예전부터 알던 사람인데 예전부터 절 엄청 싫어했거든요. 항상 죽여버리겠다는 말을 입에 달고 살던 사람인데 결국에는.

대리    대박. 미쳤다. 진짜?

고개를 끄덕이는 이정.

김사원    신고해야 하는 거 아니에요? 돌았네. 사이코 아냐?

박차장    신고했겠지- 그런 놈은 그냥 넘어가면 안 돼.

            이거 진짜 살인나는 거 아니야?

대리    예전부터 죽여버리겠다고 협박했으면 이거 이대로 끝날 것 같지 않은데?

사무실 사람들이 자신의 편에서 수경을 욕하자 이정은 묘한 통쾌함을 느낀다. 사람들이 흥미로운 화젯거리에 달려들어 욕을 하자 이정도 괜히 붕 뜬 기분이다.

박차장    그래서 누군데?

이정    엄마요.

시끄럽게 떠들던 분위기가 일순간에 가라앉고 사람들이 모두 이정을 처다본다. 의아한 표정의 사람들.

갑작스런 주목에 이정은 무슨 표정을 지어야 할지 모르겠다. 민망함
에 입꼬리가 움씰거린다. 술이 깨버린다.

박차장 (이정의 얼굴에 손가락질을 하며) 입꼬리 움직이는 것 봐.
농담도 참 재미없게 한다.

다들 웃어야 할지 말아야 할지 반만 웃는 표정으로 이정을 바라본다.
어색한 상황에 이정은 웃음이 터지고 만다. 그러자 모두들 마음 놓고
웃기 시작한다. 분위기가 다시 풀린다.

이정　주차 문제로 옆집하고….

박차장　복잡하네. 쉽지 않지 옆집이면.

대리　원래 가까이 살수록 더 복잡하잖아. 이래서 아래, 위, 옆
사람을 잘 만나야 해. 나 예전에 아래층 완전- 사이코 만
났잖아. 벨 눌러서 보니까 도끼를 들고 온 거야! 칼도 아니
고 도끼를!

김사원　헐- 도끼요? 미친놈이네.

대리　우리집이 주말 동안 너무 시끄러워서 잠을 못 잤대. 근데
진짜 무서운 게 뭔 줄 알아? 주말 동안 출장 때문에 집이
비어 있었다는 거야.

장사원　진짜 소름이다. 근데 그 사람이 거짓말한 게 아니라면요?

대리　뭐?

장사원　귀신이면 오히려 다행인데.

대리의 이야기로 화제가 전환되고 분위기가 다시 화기애애해진다. 이정도 간간이 같이 웃지만 어딘가 정신이 딴 곳에 있다. 급격히 피곤해 보이는 이정.

이정, 젓가락을 떨어뜨리는 바람에 젓가락을 줍기 위해 테이블 밑으로 고개를 넣는다. 짧지도 길지도 않은 시간 동안 테이블 밑에 수그리고 있는 이정. 곧 올라온다. 술에 너무 취했는지 눈이 아주 빨갛다.

이정은 사람들의 대화에 다시 집중하려 한다. 고개를 드는데 대각선의 무표정한 문소희와 눈이 마주친다. 문소희도 너무 취했는지 눈이 빨갛다.


### 40. 이정의 방 — 저녁

비틀거리며 방에 들어온 이정. 침대에 누우려는데 침대 위에 물에 젖은 담배꽁초 두 개가 던져져 있다. 이정이 꽁초를 만지작거린다.

이정이 세번째 책상서랍을 연다. 그 안에는 잘게 잘려진 수경의 블라우스와 다른 옷 조각들, 가위, 머플러가 뒤섞여 있다. 이정은 가위와 머플러를 들고 침대에 걸터앉는다. 그러고는 무표정으로 아주 차분하고 천천히 머플러를 자르기 시작한다. 사각사각 가위질 소리가 이정의 방을 채운다.


(시간 경과)

휴대폰 진동이 울린다. 이정이 휴대폰을 본다. 3시 48분이다.

이모

이정은 잠이 덜 깬 채 전화를 받는다.

　　이정　　응… 이모.
　　연경(V.O.)　　이정아. 할머니 마지막일 수도 있을 것 같아…. 근데
　　　　　　언니가 전화를 안 받네.

잠이 깨는 이정의 얼굴.


### 41. 수경의 방문 앞 ― 새벽

이정이 수경의 방문을 가만히 바라보다가 두어 번 두드린다. 안에서는
아무 반응이 없다. 문을 계속 두드린다. 계속, 계속. 두드릴수록 이정의
속에서 분노가 느껴진다. 단단한 무시로 언제나 '반응 없음'의 태도를
유지하는 수경을 떠올리며 온 힘을 다해 두드리는 이정.

　　수경(V.O.)　　쌍!

방 안에서 수경의 목소리가 들린다. 이정이 문을 연다.
수경이 휴대폰을 확인하고 있다. 어두운 방 안에 휴대폰 빛만이 수경
을 비춘다. 수경의 얼굴이 둥둥 떠 있는 것 같다.

## 42. 주공아파트 단지 — 새벽

아직 어두운 단지 내 수경이 홀로 걷고 있다.

헤드라이트가 수경을 비춘다. 간격을 유지한 채 수경을 쫓는 사고차.

수경, 신경에 거슬리지만 애써 뒤돌아보지 않는다. 꽤 긴 시간을 그렇게 걷고 따른다. 순간 굉음을 내며 수경에게 향하는 사고차. 수경이 소리를 지르며 웅크린다.

사고차가 아슬아슬하게 수경을 비껴가더니 그대로 단지를 빠져나간다. 수경은 사고차를 노려본다. 이정은 사이드미러를 본다. 웅크린 수경이 멀어진다.


## 43. 병실 — 새벽

작은 병실 안에 고목 같은 노인이 누워 있다. 가만히 노인을 내려다보고 있는 연경(40대. 여). 깊은 피로감이 느껴진다. 이정이 문을 조금 더 열자 그제야 이정을 발견한다.

연경은 눈꼬리를 길게 늘어뜨리며 반가운 미소를 짓는다. 서글픈 미소. 연경이 손짓하고 이정이 다가간다. 이정의 손을 노인의 머리카락 사이로 갖다 댄다. 가느다란 머리카락 사이로 꺼슬꺼슬한 두피가 만져진다. 병뚜껑만 한 땜빵이다.

    연경    나 때문에 이렇게 됐어.

연경의 목소리가 깊다.


## 44. 병원 복도 — 새벽

복도 의자에 앉아 캔커피를 마시는 두 여자.

    연경    이번엔 왜 그런 거야?

    이정    글쎄…. 올리브유? 내가 장바구니에 올리브유를 넣었어.
               근데 엄마가 식용유가 아니고 올리브유를 넣었다고 화가
               났어. 그리고 이렇게 됐어.

연경이 알 만하다는 식으로 피식 웃는다. 이정도 따라서 피식 웃는다.

    이정    올리브유 때문이 아니야.
               사실 그 전날 엄마가 화가 나 있었거든.

    연경    뭐 때문에?

    이정    계란프라이에 껍질이 씹혀서.
               그게 아니고 그 전전날 엄마가 정말 엄청 화가 났었어.

진짜 이유를 기대하며 이정을 바라보는 연경.

    이정    화장실이 급한데 내가 늦게 나왔어. 그래서 화가 났어.

그 전전전날에는 내가 대답을 작게 해서 화가 났어.

전에는 내 손톱이 지저분해서 화가 났고,

또 전에는 나한테 땀냄새가 나서 화가 났고,

내 병원비가 많이 나와서 화가 났고,

보일러를 틀어서 화가 났어.

옷을 후줄근하게 입어서 화가 났고,

그래서 새 옷을 샀더니 또 화가 났어.

졸려서 화가 났고 더워서 화가 났어.

그냥 엄마는 계속 화가 나 있었어. 그래서 잘 모르겠어.


이정의 손을 감싸는 연경. 연경의 손이 노인의 두피만큼 주름졌다.


연경    너 보면 안쓰러워. 할머니가 좀 괴팍하잖아.

신경질적이고 이기적이고.

근데 너 엄마가 그걸 똑 닮았어. 그래서 알아.

징글징글하고 불쌍해. 너도 언니도 엄마도 나도 다.

그래도 할머니 나이 들고 힘 없어지니까 좀 온순해진 면
도 있다. 물론 아직도 막말하고 까탈스럽지만.

그렇게 아들 아들 했는데 지금은 나밖에 없어,

옆에 있어 줄 사람이.

너 나이 때는 나도 화가 주체가 안 됐어.

근데 엄마도 늙고 나도 늙으니까 화내고 슬프기도 지쳤어.

그러니까 참아지더라고 견딜 만해.

자신도 모르게 손에 늘어간 힘을 급히 빼는 연경.
다시 눈꼬리를 늘어뜨리며 웃는다.

(시간 경과)
방금 그 복도 의자에 수경이 지친 상태로 앉아 있다. 연경이 걸어와
그 옆에 선다.

　　　연경　　왜 안 들어오고.
　　　수경　　됐어. 또 꾀병이잖아.
　　　연경　　꾀병인 거 알면서 왜 왔어.
　　　수경　　엄마 죽을 때 안 미안하려고. 너도 마찬가지잖아.


### 45. 좌훈방 가게 — 이른 저녁

굉장히 집중한 수경. 합장 자세의 팔을 위아래 격하게 움직인다. 수경
의 가게가 꽉 차도록 동네 아줌마들이 동그랗게 둘러앉아 가슴을 올
리고 모아준다는 운동을 하고 있다. 같은 자세로 합장한 손을 움직이
는 모습이 마치 종교의식 같기도 하다.

　　　수경과 손님들　　흡흡- 흡흡-
　　　손님1　　이거 한 달 하면 어디까지 올라갈까?
　　　애정　　뭐가?

손님1   젓.

깔깔깔 웃는 수경과 손님들. 그렇지만 위아래로 움직이는 손은 멈추
지 않는다.

수경   고급지다, 고급져- 근데 왜 한 달이야?
손님1   한 달 뒤에 스페인 가거든. 거기서 누드비치 갈 거야.
애정   스페인 좋겠다-
수경   누드비치 좋겠다-
손님2   자기, 저번에 발리 갔다 오지 않았어?
손님1   응 여름 휴가로 갔다 왔지.
손님2   잘 다니네.
손님1   잘 다녀야지. 지금까지 고생만 했는데.
      이제는 좀 할 거 다 해야지.
수경   그래, 다 해야지.
손님3   나도 저번에 유럽 갔다 왔는데
      왜 진작 안 갔나 후회되더라고.
애정   나도 애 재수만 끝나면 어디든 가봐야겠다.
손님1   그게 뭔 상관이야?
애정   그냥- 혼자 가기 미안하잖아. 내가 챙겨줄 것도 있고.
손님2   어휴 유난이야-
손님3   삼수 하면 삭발하겠네.
수경   뭘 챙겨. 성인인데. 지가 알아서 하겠지.
      나는 애 졸업식도 몰랐는데.

손님3    졸업식을 몰랐어?! 안 갔어?

수경    (대수롭지 않게) 응. 몰라서 안 갔지.

손님2    고등학교?

수경    중고등학교. 초등학교는 갔나 안 갔나 기억도 안 나네.

다들 어이없어서 웃음이 터진다. 수경도 따라 웃는다.

애정    얘가 이래.

손님2    그건 좀 심했다. 자기는 완전 불량엄마야, 불량.

(시간 경과)

불타는 마른 쑥.

수경이 입술을 쭉 내밀고 후후- 입바람을 불자 연기가 더욱 피어오
른다. 인상을 쓰며 기침을 하는 수경.

모두가 자신의 집으로 돌아간 텅 빈 가게. 수경 혼자 좌훈을 하고 있
다. 부풀어오르는 천 치마. 가득 찬 연기로 인해 팽팽하게 꿈틀거린다.
그 모습이 마치 태아의 태동 같다.

부풀어오른 치마 천을 손으로 쓸어보는 수경. 지그시 눌러본다. 손을
떼자 더욱 팽창한다. 터질 듯 움찔댄다. 수경의 이마에서 땀이 툭-
툭- 떨어진다. 천에 땀 얼룩이 졌다가 증발한다. 천을 확 들추는 수
경. 연기가 화악- 수경을 삼킨다. 곧 공기 중으로 흩어진다.

연기에 가려 보이지 않던 배의 흉터가 점점 뚜렷해진다.

## 46. 병원 — 이른 저녁

위잉- 달달달달- 돌아가는 날카로운 칼날.
이정의 깁스가 반으로 쪼개진다. 알코올을 묻혀 다리를 닦는 간호사.
이정은 시원한 듯 기분 좋은 미소를 짓는다.
마치 처음 걸어보듯 조심스럽게 발을 뗀다.


## 47. 재판장 — 낮

증인석에 이정이 앉아 있다.

> 자동차 측 변호사  엄마. 사실 엄마께 부탁하고 싶은 게 있어요.
> 엄마는 제 이야기를 들어주지 않으니 이렇게 편지를 썼어
> 요. 저를 때릴 때 회초리로 때려줄 수 있나요? 제가 잘못
> 한 만큼 정해진 수대로 맞았으면 해요. 때에 따라, 곁에 무
> 엇이 있나에 따라 매도 양도 달라지니 견디기가 힘들어요.

수경은 데미지가 없다. 심지어 약간 웃고 있는 것 같기도 하다.

(cut to)
블랙박스 화면이 재생된다.
앞 유리 너머로 수경을 노려보고 있는 이정. 슬퍼 보이기도 하고 화가

나 보이기노 하고 섭녁은 섯처림도 보인다. 이정이 뒤돌아 가고 차가 이정에게 돌진한다. 돌진하기 바로 전, 수경이 작은 목소리로 무언가 말하는 게 들린다. 화면이 돌아간다. 다시 재생된다. 사운드가 더 커신다. 아직은 작다. 다시 차가 이정에게 돌진한다. 다시 화면이 돌아간다. 다시 재생된다. 사운드가 더 커진다. 이제는 분명히 들린다.

      수경(V.O.)    저 눈깔을 파버릴라. 꽉 죽어버리고 싶어.

재판장 내의 싸늘한 사람들의 눈초리. 수경의 얼굴에 웃음기가 사라졌다.

(cut to)

재판이 끝났다. 일어나는 사람들.
이정이 수경 쪽을 돌아보는데 수경은 도망치듯 제일 먼저 재판장을 벗어난다.

      48. 현관 앞 ― 이른 저녁

현관문을 여는 이정. 쾅 하는 굉음과 함께 문이 열리다 만다.
일부러 걸어놓은 걸쇠. 당황하며 안을 살피는 이정.
현관문 틈으로 보이는 거실에 수경이 등 돌린 채 앉아 있다.

이정　열어줘. 열어달라니까!… 엄마! 엄마!

이정의 부름에 꿈쩍도 않고 그대로다. 화가 치밀어오르는 이정.
문을 있는 힘껏 닫는다. 복도 전등이 꺼진다.


## 49. 수경의 집 — 저녁

걸쇠가 풀린다. 현관문이 열린다.
문이 열리자 위태롭게 서 있는 수경이 보인다. 애처로운 얼굴.
한참을 바라보다가 주뼛주뼛 다가가 안긴다.
수경을 다독이는 사람은 종열이다.

(cut to)
소파에서 종열 무릎을 베고 수경이 누워 있다. 종열은 수경의 머리를
가만히 쓰다듬는다.

수경　걘 정말 미친 거 같아. 먹여주고 키워준 은혜를 모르고.
종열　딸이 아직 어려서 그래.
수경　이십 후반이 뭐가 어려.
　　　난 그때 혼자 지 키우면서 일 다니고 했는데.
　　　다른 집 애들은 스무 살 되면 다 독립하고 한다는데 애는
　　　모아놓은 돈도 없는지 나갈 생각도 없고.

종열    우리 수경이. 고생 않았시 신싸…
       내가 보증금 좀 마련해줄까?
수경    어휴, 됐어, 아까워.
종열    아까워?
수경    응, 개한테 돈 쓰지 마.

뾰로통한 수경.

종열    닮았네, 그 표정.

수경의 앞머리를 올리는 종열.

종열    이제 보니까 그때 흉터 얘기할 때 그 얼굴이랑 닮았다.

수경이 기분 나빠하며 이마를 가린다.

수경    하지 마. 그것도 웃겨.
       지 혼자 자빠져놓고 무슨 내가 어쨌다고.
       개는 나한테 콤플렉스가 있나봐.
       날 못 잡아먹어서 안달이야.
종열    자기한테 왜 콤플렉스가 있어.
수경    내가 지보다 이뻐서.

엉뚱한 수경의 대답에 파하하 웃는 종열.

수경이 갑자기 일어나 종열에게 얼굴을 들이댄다.

　　수경　　정말 닮았어? 내가 그렇게 못생겼어?
　　　　　　닮았다고 하지 마. 기분 나쁘니까.

어리광 부리는 수경을 사랑스럽게 쳐다보는 종열.
수경과 종열은 가까이 맞댄 서로의 얼굴에서 무언가를 읽으려는 듯
눈썹, 콧방울, 입꼬리… 열심히 시선을 옮긴다. 서로를 읽으려는 갈증
이 입술로 옮겨지고 그들은 아주 천천히 정성스럽게 애무한다.



## 50. 사무실 주차장 — 저녁

차 안에서 캔맥주를 마시는 이정.
성에 낀 창. 낙엽 하나가 앞 유리에 달라붙어 있다. 낙엽을 떼어내려
와이퍼를 움직이는데 낙엽이 찢어져 더 달라붙기만 한다.
맥주를 다 마신 이정은 가방에서 맥주를 더 꺼내는데, 가방 구석에서
요란한 불빛이 보인다. 문소희의 열쇠고리이다. 버튼을 또 한 번 누른
다. 맹하고 조악한 공룡열쇠고리에서 포악한 맹수 효과음과 LED 불
빛이 발광한다.
노트북을 꺼내 USB를 연결한다. USB에는 별것 없다. 몇 가지 서류,
이력서, 무제폴더2 등.
이력서를 열어본다. 이력서에는 이른 나이부터 이런저런 회사들을 옮

겨 다닌 문소희의 동선이 석혀 있나. 아직 앳되고 똥한 表정이 증명사
진. 이정은 괘히 열쇠고리의 버튼을 또 한 번 누른다. 문소희의 증명
사진 위로 저음질의 맹수 효과음이 울린다. 무제폴더2를 열어본다. 무
제폴더1이 있다. 무제폴더1을 열어본다. 대여섯 장의 사진파일이 있다.
파일명 '201410151', '201410152'… 사진을 넘겨본다. 반찬통이 아무
렇게나 열려져 있고 설거지가 잔뜩 쌓인 부엌 사진, 깔끔하게 정리된
아담한 학생방, 훌라후프와 시든 화분, 빈 화분, 꽃이 핀 화분이 섞여
있는 베란다, 소파에 누워 있는 중년여성의 모습….
열쇠고리를 만지작거리던 이정은 어딘가로 전화를 건다. 수화음이 울
리다 멈춘다.


(cut to)
이정이 손으로 성에를 닦는다. 차창 밖이 보이고 차가 출발한다.




51. 빌라 계단 ― 저녁


이정이 편의점 봉투를 든 채 계단을 오르고 있다.
이정이 또다시 영업 대사를 외우고 있다. 계단 때문에 숨이 차면서도
멈추지 않는다.


이정    형겊책은 만져보시면 안에 비닐소재가 사용되어 바스락
        소리가 나거든요. 만져보시겠어요? 그거 아세요? 이 바스


72

락 소리가 태아 때 엄마 자궁에서 나는 소리와 비슷하대요. 그래서 우리 아이에게 우리 엄마의 자궁에서의 따뜻함을 연상시켜주는 사운드여서 아이가 울거나 보챌 때, 바스락 소리를 들려주면 도움이 돼요. 초점교육, 수면교육….

이정의 목소리, 발자국 소리, 편의점 봉투 소리가 계단에 울린다.


## 52. 문소희의 집 — 저녁

이정이 어느 문 앞에 서 있다.
벨을 누르려다가 노크를 한다. 노크인지도 모를 정도로 아주 작게 노크한다. 고요하다.
다시 노크를 하려는데 안에서 인기척이 들린다. 문에 가까워지는 발소리가 들린다. 문이 열린다. 편한 차림의 문소희다. 잠시 서로 어색함에 머뭇거린다.

    이정    (열쇠고리를 건넨다) 박스 안에 들어 있었어요.
    문소희  (받는다) 아…내일 주셔도 됐는데….
    이정    … 안녕히 계세요.

이정이 빠른 걸음으로 계단으로 향한다.

문소희  이정 씨.

이정이 뒤돌아본다.

문소희  그거 맥주예요?

(cut to)
이정이 어정쩡한 자세로 문소희의 현관으로 들어간다.
문소희의 집은 작지만 꼭 필요한 물건들만 있어서 답답해 보이지 않는
다. 물건 하나하나 심플한 취향이 깃들어 있어 쉽게 선택하지 않은 느
낌이다. 문소희의 집은 꼭 필요한 물건만 들이는, 다시 말해 필요가 없
는 물건은 이곳에 놓일 수 없는 그런 공간이다.

(시간 경과)
이정과 문소희가 난로를 쬐고 있다. 맥주를 어느 정도 마신 두 사람은
어딘가 느슨한 분위기이다. 이정은 식탁에 엎드려 허공을 보면서 중얼
거린다. 문소희에게 하는 말 같지만 사실 혼자 과거에 빠져 있다.


이정  땀도 나고 현기증도 나는 게 이상했어.
      못 참겠어서 수업 중간에 화장실로 갔는데
      내 팬티에 이상한 초콜릿 같은 게 묻어 있는 거야.
      이제 나는 죽는 건가 싶어서
      그래서 무작정 엄마 가게로 갔어.
      보여줄 게 있다고 엄마를 계속 부르는데

엄마는 TV만 보는 거야.
나는 너무 심각한데 엄마는 웃고만 있으니까 애타고
또 갑자기 너무 무서워져서 울먹이니까
그제야 나를 보더라.
엄마를 데리고 화장실에 들어가서
교복치마를 올리고 팬티를 내렸어.
근데 엄마가 팬티를 보더니
그냥 아무 말도 없이 나가는 거야.
당황스러워서 팬티를 다시 올릴 생각도 없이
가만히 서 있는데 조금 있다가 엄마가 다시 들어오더니
생리대를 그냥 주더라. 나는 그게 뭔지도 모르는데.
내가 모른다고 하니까 엄마가 이런 것도 모르냐고 막 화냈
어.
엄마가 생리가 묻은 팬티에 그대로 생리대를 채워주는데
그게 뭔가 내가 아이가 된 것 같았어.
꽤 오랜만이었거든, 엄마가 나한테 뭘 해주는 게.
기분이 너무 좋아서 몸에 힘이 쫙 풀렸어.
그랬더니 갑자기 뭔가가 아래로 쑥- 미끄덩 쑥-
엄마 손에 내 생리혈이 떨어졌어.
아 씨 더러워- 더럽대.
엄마가 그랬어.
엄마가 짜증내면서 손을 휙 빼는데
그 바람에 생리대가 화장실 바닥에 떨어진 거야.
엄마는 그냥 손 씻고 나가버리고

나는 또 어떻게 할지 몰라서 가만히 서 있었어.

그리고 구겨져서 달라붙어 있는 생리대를 주워서 잘 펴서

엄마가 아까 하던 대로 흉내 내서 팬티에 생리대를 붙였어

그새 고여 있던 물이 스며들었는지

너무 차가웠어. 생리대가.

너무 축축하고 시려서 구석에 누워서 울고 있는데

엄마가 갑자기 이만한 쑥뜸을 들고 오는 거야.

그걸 내 배 위에 탁 올리는데 엄청 무겁고 뜨거웠어.

깜짝 놀라서 너무 뜨겁다고 하니까 그냥 기다리래.

근데 정말 그냥 기다리니까 딱 좋은 온도로 따뜻해지더라.

아침부터 이상하게 아프던 배도 괜찮아지고

잠도 솔솔 오고 그렇게 꾸벅꾸벅 조는데

쑥뜸이 엎어졌어.

졸다가 팔이 뜨거워서 눈을 떴더니 쑥뜸이 엎어져 있었어.

엄마가 달려오더니 이걸 어떡하냐고 막 때렸어.

장판 다 탔다고, 새 장판인데 어떡하냐고.

너무 아파서 피하려고 일어났는데

갑자기 현기증이 확 나는 거야.

연기 때문인지 현기증 때문인지 앞이 잘 안 보였는데

엄마가 막 쑥을 주워 담던 거.

그 모습만 어렴풋이 보였어.

그리고 쓰러졌는데 일어나보니까

이마에 이런 게 생겼더라고.

섣부른 위로 없이 맥주만 마시는 문소희.


## 53. 빌라 지하주차장 — 아침

주차장에 놓여진 사고차로 걸어가는 이정과 문소희.
이정은 차 앞에 선다.

　　이정　찝찝하시면 그냥 버스 타고 가도 괜찮아요.

문소희는 걸음을 멈추지 않고 이정을 향해 싱긋 웃고는 차에 바로 탄
다. 이정의 입꼬리도 살짝 올라간다. 이정, 차에 탄다.
차가 출발하고 지하주차장을 벗어나자 창을 통해 햇볕이 쏟아진다.

　　문소희　이정 씨.

이정이 운전하며 대답 대신 문소희를 슬쩍 쳐다본다. 문소희는 창밖
을 보고 있다.

　　문소희　마음대로 하게 두지 마세요.
　　　　　같이 지냈고 일을 알려줬고 어쨌든 회사니까.
　　　　　돈이 필요하고 일이 필요하고 갈 곳이 필요하니까.
　　　　　일도 나쁘지는 않고 찾아보면 조금의 재미는 있으니까.

그만두고 싶은 건 나를 존중해주지 않는다는 것 하나지만
참을 수 있는 이유는 생각하면 할수록 계속 나오죠.
그래도 그러면 안 돼요. 마음대로 하게 두지 마세요.
아무도 그럴 순 없어요.
나를 마음대로 이곳저곳에 갖다 둘 수 있는 건 나 하나밖
에 없어요.
자신조차도 함부로 자신을 이상한 곳에 두면 안 돼요.
그렇게 자신을 버리면 안 돼요.

운전을 하는 이정의 손에 힘이 들어간다.

### 54. 사무실 — 아침

사무실 공동 테이블에 앉아 있는 문소희. 긴 콘센트가 걸리적거리지
않게 잘 테이핑되어 있다.
이정이 자신의 짐을 챙겨 공동 테이블로 간다. 문소희 앞에 앉는 이
정. 문소희가 이정을 쳐다본다. 웃어 보이는 이정.

        대표    이정 씨는 또 왜 거기로 가?
        이정    저도 여기가 편해서요.

한숨 쉬는 대표. 대표가 두 사람의 위치에 불편한 기색을 보이지만

이정은 애써 무시하며 업무를 본다.


## 55. 교재판매 몽타주 — 낮

1)  키즈카페
이정이 교재를 설명한다. 고객들을 몰아붙이는 이정.

2)  산후조리원
이제 막 엄마가 된 여자들. 엄마가 되자마자 빵점 엄마가 되고 싶지 않아 양손 가득 교재를 들고 간다. 더 열심히 듣는 아빠들도 있다.
더 많이 사는 사람이 제일 좋은 부모라는 듯 경쟁적으로 사는 엄마들 때문에 숨 돌릴 틈도 없는 이정.
그러나 그 어느 때보다도 이정은 눈빛과 목소리에 힘이 들어가 있다.


## 56. 졸업식(강당) — 낮

종열 딸 소라(16세)의 졸업식. 어색한 수경과 소라.
식은 이미 끝나 한쪽에서 학생부 두어 명, 선생님이 깔아둔 의자를 정리한다. 사진을 찍으려는 몇 명 빼고는 이미 운동장으로 나가 있다.
수경이 소라에게 빨간 장미 꽃다발을 건넨다.

수경, 종열, 소라 세 사람은 함께 사진을 찍는다.

종열이 차를 가지러 간 사이 쪼르르 달려와 인사하는 명랑한 소라의 친구들. 친구들은 모두 은은하고 화려한 꽃다발을 들고 있다. 그 때문에 소라의 빨간 장미 꽃다발이 더 촌스럽게 느껴진다.

    현지, 윤미  (배꼽 인사) 안녕하세요!
    현지     (소라에게 작은 목소리로) 엄마 너무 미인이시다!

수경이 현지의 말에 기분 좋게 웃는다.

    수경    (웃으며) 나 애 엄마 아니야- 오늘 처음 봤어.

수경의 말에 어색하게 웃는 소라의 친구들.
소라는 수경을 노려본다.

종열의 차가 둘 앞에 서고 수경이 먼저 조수석에 탄다.




    57. 종열의 차 안 ― 낮

종열의 차가 멈추고 소라가 인사도 없이 내린다.

종열　할머니한테 안부 전하고! 오늘 자고 올 거야?

대답도 없이 쾅- 차 문을 닫고 가는 소라.
수경은 기분이 나쁘지만 애써 내색하지 않는다.
차가 다시 움직인다.

종열　나 불쌍하지?
수경　왜?
종열　애쓰잖아.
수경　그래, 애쓴다 애써.
종열　작년까지는 안 그랬는데
　　　이상하게 갑자기 말이 없어지더라고.
　　　딸 애교 보는 게 낙이었는데.
수경　… 나는?
종열　이제는 수경이 보는 게 낙이지!
수경　이제는 딸이 애교를 안 부리니까? 꿩 대신 닭이네?
종열　꿩 대신 닭이 아니고 꿩 대신 공작이지.
수경　(농담에 마음이 풀렸지만 괜히 더 삐진 척을 한다) 참 내.
종열　내가 진짜 의지할 곳이 없어. 수경밖에.
　　　나 너무 무섭다.
수경　(갑자기 진지한 종열을 쳐다본다) …
종열　(울컥해서 파르르 목소리가 떨린다) 소라가 평생 말 안 할까봐.

수경은 감정적인 종열의 모습이 놀랍기도 하지만 왠지 우습기도 하다.

하지만 진중한 _1의 태두에 걱정스러운 표정을 짓는다.

수경    (종열을 다독인다) 딱 지금 사춘기잖아. 다 지나기.
종열    그렇겠지? 근데 안 지나가면? 사기 딸도 아식 시 춘기잖아.
수경    갠 좀… 유난스런 애고… 소라가 말은 없지만 보니까…
        뭐… 착한 거 같던데….
종열    (거의 울 듯하다) 엄마가 없어서 그런가 싶기도 하고
        내가 일 때문에 너무 외롭게 했나. 다 내 탓인 거 같고….
수경    복잡하게 생각하지 마. 다 어쩔 수 없는 것들이잖아.
종열    진짜 당신 없었으면 어쩔 뻔했어….

종열의 인정에 기분이 좋으면서도 어딘가 마음이 복잡한 수경.
수경의 앞머리가 넘어와 눈앞에 거슬린다. 앞머리에 흰머리가 섞여 있
다. 앞머리를 만지작거리다가 그냥 다 넘겨버린다.
대시보드 위 포토프레임에 젊은 종열과 초등학생 소라의 웃는 모습이
보인다. 스프링 때문에 요란스럽게 흔들리는 사진.
수경은 멀미가 날 것 같다.

종열    우리 곧 집 합치면 이정이하고도 마지막일 텐데…
        자기도 힘들겠지만 애 좀 써봐.
        원래 지는 게 이기는 거잖아.
        그래도 가족인데 평생 그렇게 살 수는 없지.

차가 유턴한다. 수경의 몸이 한쪽으로 쏠린다.

## 58. 수경의 집 — 저녁

집에 돌아온 이정.
수경의 방문이 열려 있어 그 안의 수경과 눈이 마주친다.
수경은 머리 염색을 하고 있다.
이정, 못 본 척 방으로 들어가려는데 수경이 이정을 불러 세운다.

    수경    야!

이정이 돌아보자 수경은 쑥스러운지 괜히 거울을 보면서 머리를 만지작거린다.

    수경    이것 좀 발라줘봐.

이정은 멈칫하더니 스스로 자신도 모르게 수경의 방으로 걸음을 옮긴다.
수경이 빗을 이정에게 건넨다.

    수경    야. 우리 이제 좀 잘 좀 지내자.

이정이 빗을 받아든다.
말 없이 뒤통수에 염색약을 바른다.
수경의 뒤통수에 흰머리가 많다.

수경　야 심이성. 이제 나도 힐미니더 할머니.

이 흰머리 다 너 때문에 생긴 거야. 너가 속 썩여서.

나도 너랑 잘 지내고 싶어.

근데 왜 이렇게 철이 안 드니?

그래도 우리 전에는 꽤 잘 지냈잖아.

나 곧 결혼할 거야. 너한테 동생도 생겨. 여동생.

우리 잘 좀 지내자.

동생도 생기니까 철 좀 들고. 동생도 챙겨주고.

너만 아니었으면 난 진작에 다른 곳에 시집도 가고 잘 살았어.

너 때문에 이렇게 살았으니까

이제 나도 내가 살고 싶은 대로 살래. 자유롭게.

같이 살 날도 얼마 안 남았는데

우리 정상적으로 좀 살자.

말 없이 염색약을 바르던 이정이 손을 멈춘다.

이정　사과는?

수경　뭔 사과.

어이없다는 듯 웃으며 빗을 염색약 통에 내려놓는 이정.

이정은 추궁하듯 수경을 쳐다보는데 수경은 너무나도 당당하다.

이정　전에는 잘 지냈다고?

내가 입 다물고 있으니까 잘 지낸 거지!

나 이제 안 참아.

수경     니가 안 참으면 어쩔 건데!

할 줄 아는 것도 없는 게! … 썅!


수경이 이정에게 빗을 던져버린다.

이정의 뺨에 빗이 정통으로 맞았다.

이정의 뺨에 검은 염색약이 묻었다.


     수경     하여간 쓸모없는 년.


고개 숙인 이정의 호흡이 가빠진다.

이정은 자신의 방으로 간다.


     수경     (이정을 뒤쫓으며) 니 내가 말하는데 어디 가?!


이정이 장롱 위 캐리어를 꺼내려는데 잘 빠지지 않는다.

수경도 이정을 뒤쫓아와 그 모습을 보고는 비웃는다.


     수경     그거 하나 못 꺼내고 나가서 아주 잘-살겠다?

분명 이틀도 못 버틸 거면서 아주 지랄을 하네.


이내 캐리어가 빠지고 바닥에 굴러떨어진다.

이정은 캐리어를 열어 손에 잡히는 대로 짐을 싼다.

팔짱을 끼고 보던 수경도 달라붙어 이정의 캐리어에 낙지는 내도 물
긴을 넣는다.
이정이 황당한 얼굴로 수경을 본다.


　　　수경　　그래. 나가서 호되게 아주 당해봐야

　　　　　　아, 집이 편했구나, 알지.

　　　　　　호강에 겨워서 감사할 줄도 모르고.

　　　　　　무릎 꿇고 싹싹 빌어봐라, 누가 다시 받아주나.


수경이 캐리어를 잠그고 캐리어와 이정을 현관으로 끌고 간다.
모양새가 마치 수경이 이정을 쫓아내는 것 같다.
이정이 수경을 째려보며 현관에서 버틴다.


　　　수경　　(이정을 밀며) 뭐. 째려보면 뭐 어쩔 건데?


현관에서 내보내려는 수경과 버티려는 이정의 실랑이가 벌어진다.
이정이 수경의 손을 뿌리친다.


　　　수경　　막상 나가려니까 무섭냐?

　　　이정　　내 발로 나가는 거야.


이정이 문을 열고 나간다.
복도를 걷는 이정의 뒤로 현관문이 잠기는 소리가 들린다.

## 59. 문소희의 집 — 저녁

이정이 한바탕 운 듯 눈이 퉁퉁 부은 채 문소희의 침대에 앉아 있다. 문소희가 휴대폰으로 염색약 지우는 방법을 찾아보며 이정의 뺨에 묻은 염색약을 지워주고 있다. 문소희는 피곤해 보인다. 문소희의 책상에 자료들이 쌓여 있다.

이정    아, 오늘 해야 될 일 있다고 했지?

문소희  해야 될 일은 매일 있어요. 준비하는 게 있거든요.

이정    준비하는 거?

문소희  그냥 이것저것이요.

이정    이것저것 뭐?

문소희  나중에 알려줄게요.

이정    그래….

        언제부터 혼자 살았어?

문소희  2014년 10월 15일…. 수시 붙자마자 바로요.

이정    바로?

문소희  네. 결과 발표 나자마자 바로.

        모아둔 돈으로 고시원 들어가고 알바 두 탕 뛰고.

이정    대단하다.

문소희  언니는 지금까지 왜 안 나왔어요?

이정    … 음 … 준비가 덜 돼서?…

        계속 일한 거 같은데 통장에 돈이 충분하지 않더라고.

        제대로 준비됐을 때 제대로 독립하고 싶었어 나는….

문소희가 이정의 얼굴을 빤히 본다.

이정　(문득 웃음이 나온다) 나 지금 웃기지?
문소희　(피식 웃으며) 네.

문소희가 손을 물티슈로 닦는다.

(시간 경과)
이정은 바닥에, 문소희는 침대에 누워 있다.
불 꺼진 어두운 방 천장에 가로등 불빛만 새어 들어온다.
이따금 차 지나가는 소리와 개 짖는 소리 외에는 고요하다.
혼몽한 상태의 이정이 중얼거리듯 문소희에게 말을 건다.

이정　이상하다? 나는 여기가 너무 편해.
　　　집에 있으면 속이 답답하고 가만히 있어도 막 화가 나.
　　　근데 여기는 그냥… 너무 편해.
　　　여기가 진짜 집인 거 같아.
　　　너무 다정하고 익숙하다.
　　　공간에 기운이란 게 있나? 너가 있어서 그런가?
　　　그냥 다 이해받는 거 같아.
　　　… 나도 여기서 살까?

이정이 침대 쪽을 올려다보자 미동 없는 문소희의 손 한쪽만 보인다.
손끝에는 염색약이 물들어 있다.

이성이 기내를 거두고 눈을 감는다. 이불에 얼굴을 묻는다.
잠시 후 문소희가 손을 옮긴다.

(시간 경과)
머리를 말리고 있는 이정. 문소희는 샤워 중이다.
방을 둘러보던 이정은 문득 문소희의 노트북을 연다. 노트북에는 패스워드가 없어 바로 화면이 보인다. 문소희가 작성하던 이력서와 자기소개서가 보인다. 책상에 뒤집어져 있던 자료들 또한 각종 회사와 면접 정보들이다. 이정은 아무 말도 하지 않은 문소희에게 섭섭함을 느낀다. 고민하던 이정은 노트북을 그대로 닫고 다시 자료들을 뒤집어놓는다.

## 60. 부엌 ― 아침

수경이 옷소매로 눈물과 콧물을 훔친다.
수경은 청양고추를 썰고 있다.

## 61. 종열의 집, 식탁 ― 낮

청양고추를 듬뿍 넣은 찜닭. 여러 밑반찬과 함께 식탁이 차려졌다.

수경과 소라가 마주 앉아 있고 종열이 가운데 앉아 있다.

종열 (크게 호들갑을 떨며)
와. 이거 딱 소라가 좋아하는 스타일이네!
그때 그냥 지나가는 말로 한 건데! 소라는 좋겠다!
이렇게 신경 써주고.

수경 (쑥쓰럽다) 맛이 괜찮을지 모르겠네… 처음 해보는 거라….

종열 딱 보면 이건 맛없을 수가 없어. 그럼 먹어볼까?

하나씩 집어드는 세 사람.
소라가 한입 베어 물고 두어 번 씹고는 입꼬리가 올라간다.
수경은 소라의 웃음이 의아해서 종열을 보는데
종열도 피식 웃고 있다.
소라와 종열이 눈을 마주치고 웃음이 터져버린다.
수경은 자신만 남겨두고 웃는 두 사람에게 기분이 상한다.
종열이 벌떡 일어나 찬장에서 설탕을 꺼내더니 찜닭에 부어버린다.

종열 (웃음을 참으며) 진짜 처음이구나?

소라가 소리 내어 웃는다.
수경은 설탕이 뿌려지기 전인, 밥그릇 위의 닭 조각을 우걱우걱 먹는다.

(시간 경과)

수경이 뚱한 표정으로 식탁에서 믹스커피를 마신다. 종열은 설거지 중이다. 패딩을 입고 나온 소라가 종열의 외투에서 지갑을 꺼낸다. 자연스럽게 만 원 두 장을 꺼내 주머니에 넣는 소라.

  종열    어디 가?
  소라    친구 만나러.

말릴 틈도 없이 쓱 나가버리는 소라.
종열은 설거지를 마무리하고는 수경의 뒤로 와 앉는다. 수경의 머리카락으로 장난을 치는 종열.

  수경    하지 마.
  종열    왜?
  수경    …
  종열    삐졌어?
  수경    어떻게 잘 먹었다고 인사도 안 해?
  종열    쑥스러워서 그런 거지- 나는 소라 표정 보면 다 알아.
         엄청 고마워하던데.
  수경    비웃었잖아.
  종열    뭘 비웃어.
  수경    내 찜닭. 당신도 비웃었잖아.
  종열    무슨 말을 그렇게 해. 찜닭을 어떻게 비웃어.
         수경이가 만들어준 건데. 그냥 웃은 거지….
  수경    그게 비웃은 거지.

종연    (수경을 뒤에서 안아 가슴을 만지작거리며) 화났어? 미안해…

맛있었어. 설탕이 살짝 아쉬워서 그렇지….

수경    깜빡한 거야.

종열    알지. 내가 수경이 음식 솜씨 알지.

딱 깜빡한 거 같더라고.

당신이 장금이보다 솜씨가 좋은데―

종열이 수경의 목덜미에 키스한다. 수경은 완전히 풀려버린다.
수경의 휴대폰으로 애정의 전화가 온다.
그대로 전화를 두는 수경. 꺼지더니 곧 다시 전화가 온다.
하는 수 없이 전화를 받는다.

수경    왜… 아 맞다. 응… (종열을 보고) 펜 어딨어?

종열    펜? (소라방을 가리키며) 소라 방 책상에 있을 거야.

수경이 소라의 방에 들어간다.

## 62. 소라의 방 ― 낮

너저분한 책상. 수경이 연필꽂이에서 가장 눈에 띄는 알록달록한 무늬
가 있는 두꺼운 펜을 하나 꺼내든다. 책상에 아무렇게나 놓여 있는 구
겨진 빈 A4용지를 펼친다.

수경　응. 불러봐.


수경이 펜의 버튼을 누른다.
수경이 갑자기 악- 소리를 지르며 펜을 바닥에 떨어뜨린다.
떨어진 펜이 진동하고 있다.


애정(V.O.)　뭐야 왜 그래?

수경　(펜을 주워들며) 이거 뭐야… 메모하려고 종열 씨 딸 펜을
　　　눌렀는데 펜이 갑자기 막 움직이잖아.

애정(V.O.)　펜이 움직여?

수경　(버튼을 다시 눌러보며) 버튼 다시 누르니까 꺼지네.
　　　휴대폰 진동처럼 진동이 덜덜- 났다니까.
　　　(버튼을 다시 눌러본다. 다시 진동한다.)
　　　거봐. 버튼 누르니까 또 진동하네.
　　　(펜의 앞뒤를 살펴보는데 펜심 구멍이 없다.)
　　　이거 뭐야. 펜이 아니네. 펜심이 없어.

애정(V.O.)　어떻게 생겼는데?

수경　그냥 좀 두꺼운 펜처럼 생겼는데.

애정(V.O.)　(알겠다는 듯이 깔깔 웃는다) 야 그거 아이가? 그거.
　　　자위 기구.

수경　자위 기구?…
　　　(펜을 유심히 보더니) 맞네. 어머. 그거 맞네. 자위 기구.


숨이 넘어가라 웃는 애정과 수경.

수경    (소라의 바이브레이터를 허벅지에 갖다 대보며) 웬일이야…

소라    뭐 하세요?!


수경 뒤를 돌자, 소라가 문을 열고 서 있다.

소라의 큰 소리에 종열도 난처한 표정으로 뒤쫓아 왔다.

통화 볼륨이 커서 애정의 웃음소리가 전화기 너머로 들린다.


애정(V.O.)    야, 걔 웃긴다. 중학생 그 쪼끄만한 애가

             무슨 자위 기구를 다 갖고 있냐. 웃겨 증말.


서둘러 전화를 끊는 수경.

종열은 애정의 말에 그제야 수경 손에서 진동하고 있는 바이브레이터

를 발견한다.


종열    야, 저거 뭐야? 저거 정말 너 거야?

소라    (수경을 노려보며) 왜 맘대로 남의 방에 들어와요?

        내 방 뒤졌어요?

종열    (소라를 돌려 세우며) 너 아빠 무시하냐? 아빠가 묻잖아?

        니 거냐고?!

소라    (수경을 가리키며) 왜 저 사람이 내 방에 있는 건데? 왜!

종열    펜 찾길래 내가 너 방에 가라고 했어! 왜!

        이제 가족인데 방에 들어갈 수도 있고 그런 거지.

        너 말 돌리지 말고 똑바로 얘기해.

소라가 침대에 엎드려 소리를 꽥 지른다.
수경은 나가지도 못하고 방 안쪽에 멀뚱히 서 있는다.

소라    (분에 차 울먹이며) 가족은 무슨 가족!! 진짜 다 짜증나!!
종열    너 진짜 왜 그러냐? 뭐가 불만이야? 너 그런 애 아니잖아!
        저런 쌍스러운 물건을…
        너 저거 어디서 났어? 친구가 줬어?
        너 그 현지랑 윤미랑 번호 불러.
소라    아 나가라고!
종열    번호 부르라고!

긴장한 수경은 바이브레이터를 끄려고 하는데 버튼을 잘못 눌러 강도
가 세진다. 크고 요란한 진동음이 소라의 방 안에 울린다.
소라는 눈물과 콧물이 범벅된 얼굴을 들어 수경을 잔뜩 노려보고
종열도 씩씩거리며 수경을 쳐다본다.
수경은 부녀의 싸움에 확실한 이방인이 되어 방 안을 나간다.

### 63. 종열의 집, 거실 ─ 낮

소라의 방에서 여전히 싸우는 두 부녀의 소리가 들린다.
수경은 어정쩡하게 가방을 든 채 소파에 앉아 있다.
그러다 문득 가만히 생각해보니 피식 웃음이 난다.

수경    웃겨 정말….

방의 소리가 잠잠해진다.
곧 문이 열리고 종열이 혼자 나온다.
수경이 웃음을 참으며 종열을 본다.


종열    그… 사과를 좀 해야 할 것 같아.
수경    (대수롭지 않게) 그래. 자기가 너무 역정냈어.
종열    아니… 수경이가.
수경    나?
종열    (고개를 작게 끄덕인다)
수경    자기가 나보고 들어가라며?!
종열    내가 잘못했는데… 많이 화가 나서…
        결정적으로 그 전화로 흉본 거가 참을 수 없나봐….
수경    무슨 흉?! 흉본 게 아니고 통화하다가 어쩌다-
종열    (수경의 손을 잡는다) 나 한 번만 살려줘. 수경이 잘못 없는
        거 알지. 근데 지금 이렇게 가면 소라는 마음의 문을 닫을
        거고. 나 진짜… (종열의 눈에 눈물이 맺힌다)
수경    하… 진짜….
종열    그냥 작전상 후퇴, 아니 음…
        마음 넓은 수경이가 포용해주는 거지.
        아직 어리잖아. 얼마나 민망하겠어.
        괜히 자존심 부리는 거지. 응? 응?!

팔짱을 끼고 있는 수경의 표정을 살피더니 종열이 수경을 어깨를 감싸고 소라의 방으로 데려간다.

문을 열자 소라가 침대에 아직 눈물이 범벅된 얼굴로 다리를 꼬고 앉아 있다.

수경이 주뼛주뼛 다가간다.

수경이 다가오자 소라는 다시 있는 힘껏 수경을 올려다본다.

반항적인 소라의 표정에 사과하고 싶은 마음이 싹 사라진다.

눈치 없는 종열이 문 옆에서 훈수를 둔다.


      종열     그러면 안 되지! 남 흉보는 게 얼마나 예의 없는 건데.


수경이 어이없어 뒤돌아보자, 종열은 수경을 보며 고개를 끄덕인다.


      종열     소라야. 아줌마가 이제 너 방에 절대 안 들어온대-


수경이 다시 소라를 보자

소라는 더 기세등등한 표정으로 수경을 노려본다.

확 짜증이 난 수경은 종열을 밀치고 현관으로 간다.


      종열     수경 씨! 어디 가? 수경아!


수경은 뒤를 돌아보지 않고 그대로 나간다.

## 64. 수경의 방 ─ 저녁

수경은 옷도 벗지 않고 핸드백을 손에 든 채 그대로 천장을 보고 누워
있다.
갑자기 핸드백을 뒤지는 수경. 소라의 바이브레이터를 꺼낸다.
서랍의 물티슈를 뽑아 닦고는 버튼을 누른다.
바이브레이터가 작동한다.
허벅지에 바이브레이터를 갖다 댄다.
점점 위로 올라간다.
수경은 소라의 바이브레이터로 자위한다.


## 65. 사무실 ─ 저녁

이정이 노트북으로 '대법원 나의사건검색'에 접속한다.
사건번호, '윤수경'을 검색하고 1심 패소를 확인한다.
이정의 표정이 묘하다. 딱히 기뻐 보이지 않는다.

(시간 경과)
직원들이 인사하며 나간다. 사무실에는 이정과 문소희만 남았다.
이정은 할일이 딱히 없는 듯 인터넷 서핑을 하면서 문소희를 살핀다.
문소희는 피곤함과 짜증 섞인 얼굴로 서류를 작성하고 있다.

이정    많이 남았어?

문소희가 그제야 이정의 존재를 알아챈다.
문소희는 어리둥절한 표정으로 이정을 바라본다.

문소희  저 기다린 거예요?

이정은 어색한 미소를 짓고는 문소희의 자리로 가서 모니터를 본다.

이정    이걸 지금 왜 해?
문소희  (서류를 계속 작성하며)
        갑자기 퇴근 전에 차장님이 오늘 안에 하라고 해서요.
이정    너무하다….
문소희  잘랐어야 했는데… 금방 할 줄 알았어요. 어쩔 수 없죠.
이정    나한테 반 줘.
문소희  …
이정    괜찮아. 같이 하면 금방 해.
문소희  아니에요. 괜찮아요. 제 일이잖아요.
이정    (자신의 자리에서 USB를 가져오며) 나 진짜 괜찮아.
        어차피 할 일도 없어. 너 너무 피곤해 보여.

이정, 다시 문소희의 앞에 서는데 문소희는 자존심에 허락하지 않는
다.

문소희  …

이정    에헤이, 이런 시간에 흰 페이지는 더 했겠다.


이정이 문소희 컴퓨터 본체에 본인 USB를 마음대로 꽂는다.


(시간 경과)

퇴근하려 짐을 싸는 이정과 문소희.


　　　문소희  오늘 고마워요.

　　　이정    진짜 괜찮아! 내가 도와주고 싶어서 한 거니까.

　　　문소희  그래도 고마워요.

　　　이정    소희야. 맥주 한 잔만 같이 마실까?

　　　문소희  (난처하다) … 제가 이틀 동안 잠을 제대로 못 자서…

　　　　　　　어제 못 한 일도 있고….

　　　이정    … 아까 소송 결과 나왔어….

　　　문소희  …

　　　이정    (섭섭하고 화가 난다)

　　　　　　　그래…. 그냥 다음에 마시자. 신경 쓰지 마.

　　　문소희  … 네, 내일 봐요.


문소희가 인사를 하고 사무실 입구를 나선다.

이정, 아주 작은 한숨을 쉬고는 자리를 정리하는데

문소희가 문을 벌컥 연다.

문소희  맥주 사주실 거예요?

이정　 … (웃으며) 그래.



## 66. 문소희의 집 — 저녁

테이블에서 맥주를 마시는 이정과 문소희.
이정은 벌써 맥주에 취했는지 기분에 취했는지 휴지로 눈물과 콧물을
닦고 있다. 문소희는 무미건조하게 맥주만 들이켠다.


(시간 경과)
문소희가 화장실에 다녀오는데 이정이 캐리어를 바닥에 펼쳐놓고 아
무렇게나 담긴 물건들을 이리저리 뒤지고 있다.
문소희의 작은 방이 이정의 물건들로 너저분해졌다.

　　문소희  뭐 하세요?
　　이정　 없어.
　　문소희  뭐가요?
　　이정　 (눈물 범벅인 얼굴로 문소희를 올려다본다)
　　　　　 충전기. 휴대폰 충전기가 없어.
　　문소희  충전기요? … 빌려드릴게요.

문소희가 이정을 이상하게 쳐다본다.

이정은 잠시 가만히 무언가 생각하더니 다시 묵거울 뒤진다.

    이정    통장이랑 도장도 없어. 집 계약하려면 필요한데…
          아무래도 집에 다시 가야겠어.
          짐을 제대로 싸서 다시 나와야지.

이정이 어떤 위로 혹은 이해를 바라는 얼굴로 문소희를 쳐다보는데
문소희는 이정을 한심하게 내려다본다.
이정, 너무 수치스럽다. 눈이 붉어진다.

    이정    나는 그렇게 쉽지 않아.

문소희도 기분이 상한다.

    67. 문소희의 집 — 아침

창밖의 나무 그림자가 바람에 움직인다.
침대에 누워 이정은 가만히 그 모습을 바라본다.
문소희는 이정의 등 뒤로 왔다갔다 하며 출근 준비를 한다.

    문소희  언니.

이정, 자는 척한다.

문소희  지금 안 일어나면 진짜 늦어요, 언니.

계속 자는 척을 한다.

문소희  언니!
이정    (이제야 일어난 척 기지개를 켠다.) 아 잘 잤다!
       (침대에 걸터앉아 머리를 묶으며) 어제 기억이 하나도 안 나.
       너무 많이 마셨나봐.
문소희  (가만히 이정을 바라보다가) 너무 많이 마셨어요. 언니도 나도.
이정    응. 속이 너무 안 좋아. 점심에 해장국 먹자.
문소희  10분 내로 나가야 해요.
이정    (괜히 기분 좋은 척을 하며) 알았어!
       나 이대로 그냥 나가면 돼! 회사 가서 씻어야지─

문소희가 먼저 현관으로 나간다.
이정, 이불을 급하게 정리하고 구석에 아무렇게나 던져진 캐리어와 가
방을 든다. 현관 쪽으로 가다가 갑자기 문소희의 책상 밑으로 캐리어
를 밀어넣고 가방에서 핸드크림, 파우치 등을 꺼내놓는 이정.

이정    아 무거워─ 여기 놔두고 다음에 놀러 올 때 가져갈게!

이정이 문소희를 보는데 문소희는 싫은 티를 숨기지 않는다.

붉선을 꺼내놓더니 이셈의 손이 느리시고, 잠시 밈추더니
다시 붇선을 가방에 도로 넣는다.

이정　　아, 아니다. 이따가 사무실에서 다 쓸 것 같아.
　　　　씻고 화장해야지—
　　　　(괜히 휴대폰에 얼굴을 비춰보며 앞머리를 다듬는다)
　　　　너무 초췌하다. 아아. 10분, 10분 늦는다 가자!


이정이 부산스럽게 신발을 신고 캐리어를 끙끙대며 끌고 나간다.
현관문이 닫힌다.


### 68. 이정의 방 ― 낮

수경이 통화를 하며 이정의 방에 들어온다. 물건들이 이리저리 꺼내져
있는 모습 그대로다. 수경은 몸싸움의 흔적은 치우지 않고 못 본 척한
다. 이정의 서랍을 뒤지는 수경.
첫번째 서랍, 두번째 서랍 차례대로 뒤진다. 서랍에는 초등학교 때부
터 고등학교 때까지의 학용품들이 모아져 있다.
두번째 서랍 구석에서 이정의 리코더를 발견하는 수경. 리코더에는
'2학년 8반 김이정'이 서툰 글씨로 쓰여 있다.

이정　　아니, 이제 와서 패소가 예정되어 있었다니

무슨 변호사가 그렇게 책임감 없는 말을 해요?

승소 사례가 없었다고 했지. 패소 얘기는 안 했잖아요!

변호사(V.O.)  제가 패소할 가능성도 있다고 분명 말씀드렸고

상관없다고 우기셨잖아요.

수경  우겼다니. 변호사님이 이길 수 있다고 부추겨가지고

그거 믿고 나는 맡긴 건데 말을 그따위로 해요?

나한테 사기 친 거야?

변호사(V.O.)  사기라니요.

세상에 백 프로 이기는 재판이 어딨어요.

저는 가능성에 대해서 분명 말했고

윤수경 님이 듣고 싶은 대로 들으신 거잖아요.

어떻게 그럼 항소하실 거예요?

수경  항소? 항소? 뭔 개소리야.

너 같으면 니한테 또 맡기겠냐?

변호사(V.O.)  왜 욕을 하고 그러세요?! 지금 저 녹취 중입니다.

말조심하세요, 고소하기 전에.

그리고 이건 절대 이길 수가 없는 재판이었어요.

억울하면 오토 말고 수동 타세요, 수동. 쯧-(끊었다)

수경  여보세요? 야 씨발놈아!… 하, 이 개새끼 …

그럼 오토 탄 내 잘못이라는 거야?!


서랍을 닫고 나가려던 수경은 세번째 서랍에 튀어나와 있는 천 조각
을 발견한다. 익숙한 패턴이다. 천조각을 당긴다. 너덜너덜 가위질이
되어 있는 수경의 옷이다. 서랍을 열자 서랍에는 그동안 잃어버렸던

수경의 옷들이 아주 길게 가위질 되어 있다,
수경은 서랍을 다시 그대로 닫는다.


## 69. 좌훈방 가게 — 저녁

수경이 멍한 표정으로 이정의 리코더를 입에 물고 있다.
유튜브로 리코더 강좌를 듣는 수경.
화면 속 화이트보드에 '에델바이스' 악보가 적혀 있다. 색뿔테 안경을
쓴 여성 강사가 사투리 억양으로 에델바이스 가사를 읊는다.

> 강사(V.O.)   에델바이스, 에델바이스,
> 에델바이스, 에델바이스,
> 에브리 모닝 유 그리트 미,
> 매일 아침마다 나를 반겨주네.
> 스몰 앤 화이트, 클린 앤 브라이트,
> 아담하고 희며, 깨끗하고 밝게.
> 유 룩 해피 투 미트 미,
> 나를 보는 모습이 행복하게 보이는구나.
> 블라썸 오브 스노우 메이 유 블룸 앤 그로우,
> 눈 속의 꽃아, 언제나 활짝 펴서 무럭무럭 자라면서,
> 블룸 앤 그로우 포레버….

딸랑-

문을 열고 경석이 들어온다. 의외의 등장에 깜짝 놀라는 수경.

    수경    어? … 안녕하세요.

    경석    예. 집사람이 뭐 받을 게 있다고.

    수경    아! 잠시만요.

수경이 안쪽으로 들어가는데 수경의 휴대폰이 울린다.

휴대폰을 힐끔 보는 경석.

    경석    전화가 오는데요. 종열 씨한테.

    수경    (멈칫하더니 싸늘하게) 냅두세요.

종열의 전화가 '부재 중'으로 넘어간다.

강사의 말이 이어진다.

    강사(V.O.)    활짝 피고 영원히 자라나렴.

                 에델바이스, 에델바이스,

                 에델바이스, 에델바이스,

                 브레스 마이 홈랜드 포 레버,

                 우리나라를 영원히 지켜다오.

                 그냥 불지 마시고 가사를 마음속으로 음미하면서

                 드드드드드.

                 천장에 혀를 가볍게 대고요.

하 유 하 음 정화하세.

수경이 종이백을 들고 나오더니 경석에게 건넨다.

    수경    (장난스럽게) 드드드드드.

긴장한 경석을 보고 웃는 수경.

    수경    팥인데 반나절 불리고 끓이라고 전해주세요.
    경석    예.
    수경    그럼 들어가세요—

수경은 테이블 의자에 앉아 리코더로 '에델바이스'를 불기 시작한다.
수경, 얼마나 집중했는지 의자다리에 댄 맨다리가 하얗게 변했다.
까치발을 하고 있는 수경의 뒤꿈치가 신발 밖으로 빠져나왔다.
수경의 뒤꿈치가 하얗게 일어나 있다.
문을 나서던 경석이 수경의 뒤꿈치를 유심히 본다.

(시간 경과)
수경이 리코더를 정리하며 애정과 통화를 하고 있다.

    애정(V.O.)    다리 붓기 때문에 아프다고 하니까
                자기가 대신 받아온다고 하더라고.
    수경    어머, 다정해라.

애정(V.O.)    그거 보더니 아까 아들내미가 아빠 뭐?

요즘 말로 츤데레? 츤데레라고 놀리고 아주 웃겨 죽겠다.

이상해 요즘. 막 악기 뭐 하냐고 갑자기 관심 갖고….


딸랑-
문을 열고 다시 경석이 들어온다.


수경    어? 잠깐만(전화를 끊는다).


경석이 수경에게 다가오더니 풋크림을 툭- 무심하게 건넨다.
수경은 쉽게 받지 않는다.
경계하는 눈빛으로 경석을 보는 수경.


경석    집사람 거 사다가 생각나서 샀어요.


수경은 그냥 멀뚱히 서 있는다.
경석은 수경에게 다가간다. 수경은 뒷걸음친다.
경석이 수경의 손에 억지로 풋크림을 쥐여주고는
아무 말 없이 주머니에 손을 꽂고 멋있는 척 가게를 나선다.

## 70. 현관 — 저녁

아파트 복도를 걸어오는 수경.
문 앞에 빨간 장미 바구니가 놓여 있다.
백 송이쯤 되어 보이는 것이 탐스럽다.
장미 바구니를 들어 복도 난간에 올려놓는 수경.
떨어질 듯 말 듯 위태롭다.
수경은 장미 바구니에 코를 묻는다.
저 멀리 야경 불빛 하나가 점멸한다.


## 71. 이정의 방 — 저녁

이정이 침대에 엎드려 있다.
이정의 짐과 바닥에 널려 있던 물건들이 정리되어 있다.

현관문이 열리고 수경이 장미 바구니를 들고 들어온다.
이정이 눈을 감고 자는 척을 한다.
수경은 잠시 문 곁에 서 이정을 보더니 들어간다.
거실에서 TV 켜지는 소리가 들린다.
이정이 눈을 뜨고 허공을 멍하니 본다.

## 72. 아파트 엘리베이터 — 낮

올라가는 엘리베이터.

    종열    항소해야지.
    수경    모르겠어.
    종열    모르겠다니?
    수경    무슨 의미가 있나 싶어.

수경 슬쩍 엘리베이터 거울을 본다. 너무 잦은 염색과 파마로 볼품없이 푸석하던 수경의 머리카락은 이제 완전히 마른 지푸라기 같다.
수경은 머리에 두른 화려한 패턴의 스카프로 머리카락을 가린다.
종열이 수경을 바라보더니 손을 잡는다.
엘리베이터 도착 알림음이 울린다.

## 73. 아파트 실내 — 낮

과하게 넓지 않은, 둘이 살기 적당한 아파트.
너무 낡지도 너무 새것도 아닌 길이 잘 든 공간.
종열이 다가와 수경을 뒤에서 감싸안는다.

    종열    여기 들어오니까 그런 느낌이 들더라고.

여기서 수경이랑 내가 원래 계속 살고 있었던 거 같은 느
낌.
여기 원래부터 우리가 있었던 거 같아.
저 벽에 있는 작은 얼룩도 창에 난 기스도
우리가 만든 거 같아. 제자리를 찾은 느낌이야.
그래서 여기가 너무 마음이 갔어.

서로를 감싼 채 빈 거실을 바라보는 종열과 수경.
종열의 전화가 울린다.

　　　종열　　(휴대폰을 확인한다) 아⋯ 잠깐. (안방에 들어가며 전화를 받는
　　　　　　　다) 아 네, 사장님! 전화 괜찮습니다.

수경은 빈 거실을 걸어본다.
베란다로 나가 창문을 열자 적절한 소음과 햇볕이 있다.
멀리 아파트 옥상에서 수증기가 상승하고 있다.
넋을 놓고 바라보던 수경의 스카프가 흘러내려 아래로 떨어진다.
다행히 창틀에 걸린 스카프. 수경이 스카프를 잡고 일어서려는데
밑에서 뭔가가 스카프를 끌어당긴다.
수경이 아래를 보자 팽팽해진 스카프 한쪽이 아랫집 창문 안쪽으로
들어가 있다.
수경이 고개를 내밀어 아랫집 안쪽을 보려 하지만 잘 보이지 않는다.
다시 한번 스카프를 잡아당기는 아래의 무언가.
하마터면 놓칠 뻔했다.

수경도 화가 나 힘주어 스카프를 잡아당긴다.

한참을 그렇게 줄다리기를 하다가,

갑작스럽게 아래쪽에서 스카프를 놓아 수경은 발라당 넘어진다.

슬쩍 뒤를 돌아보는데 종열은 아직 안방에 있다.

소리 낮춰 아랫집을 향해 욕을 하는 수경.

스카프를 다시 두르는데 뭔가 끈적한 것이 묻어 있다.


(시간 경과)

(Insert)

이곳저곳 가구 자리를 가늠해보는 수경과 종열의 몽타주.

휴대폰으로 새 소파의 사이즈를 보는 수경과 종열. 잔뜩 들떠 있는 두 사람.


      수경     측면 100센치미터.

      종열     (팔을 벌리며) 이 정도?

      수경     웅! 여기 이렇게 세로로.


종열이 수경이 선 곳으로 그대로 팔을 벌리고 간다. 걸을수록 종열의 팔의 폭이 좁아진다.


      수경     (웃으면서) 아 왜 자꾸 줄어드는데—

      종열     안 줄어들었어!


이번에는 정면 사이즈를 잰다.

수경    (화면을 보면서) 정면 180 센티미터…

(바닥에 드러눕더니 팔은 위로 올린다) 이 정도?

수경을 사랑스럽게 바라보는 종열. 수경 옆에 그대로 같이 눕더니 수경을 밀친다.

종열    (장난스럽게 밀치며) 150은 비켜주세요-
수경    (옆으로 밀려난다) 150아니거든요?


## 74. 아파트, 작은 방 — 낮

작은 방에 들어서는 두 사람.
창틀에 오래된 메탈 스마일 스티커를 발견한다. 빛바랜 스티커.
수경이 떼어낸다. 자국이 남았다.

종열    침대는 (손짓을 하며) 이렇게- 벽에 붙어서 가로가 좋겠지?
수경    (다른 스티커를 마저 떼며) 침대는 안방에 둬야지-
종열    (수경의 말이 의아하다)

응? 안방에도 두고 작은 방에도 둬야지?
수경    (돌아보며) 왜?
종열    (당연한 것을 물어보냐는 투로) 소라도 침대가 필요하니까?
수경    (한 대 얻어맞은 표정이다) …

종열    (분명하게) 여긴 소라 방이잖아.

수경    (더 분명하게) 여긴 창고야.

작은 방에 대한 용도를 다르게 생각하고 있다는 것을 알게 된 두 사람. 정적이 흐른다.

수경    창고가 없으면 집 이곳저곳에 잡동사니로 가득 찰 텐데 난 그렇게 복잡한 공간에서 살기 싫어.

종열    (수경이 이해되지 않지만 최대한 감정을 억누르고)
       베란다 넓잖아… 베란다에 벽장도 따로 있고.

수경    베란다에는 화분들이랑 티테이블 놓을 거란 말이야.
       그리고 코딱지만 한 벽장에 뭘 넣어…
       선풍기 한 대 들어가면 끝이겠구만….

종열    (싸움이 날 것 같아 괜히 이마를 만지며 딴 곳을 보며 말한다. 억누르려 하지만 또다시 소라를 걸고 넘어지는 수경 때문에 말이 세게 나간다.) 아니… 왜… 잡동사니를 걱정해.
       살림을 똑바로 하면 잡동사니가 생길 일이 없을 거 아니야.
       당신 애초에 살림을 제대로 할 생각이 없는 거 아니야?

수경    집이 좁잖아!
       살림을 제대로 해도 여기는 정돈이 안 되게 생겼어!
       여기는 무조건 창고야. 그렇게 해야 돼.

종열    (참을 수 없는 종열은 수경을 경멸하는 표정으로 바로 보며)
       말이 되는 소리를 해.
       고작 잡동사니 때문에 소라 방을 없앤다고?

**115**

난 이 집에 있게 될 모든 것 중에 소라가 가장 중요해.

수경의 눈에 눈물이 고인다.


## 75. 사무실 — 낮

여느 때와 같은 사무실. 대표는 외근 중이다.
박차장이 갑자기 심각해진다.

    박차장  문소희 씨. 이쪽으로 와보세요.
    문소희  네.
    박차장  여기 수량 다 틀렸잖아요.
            내가 확인 안 했으면 어쩔 뻔했어. 정신 안 차려요?
            빨리 정리해서 달라니까 늦게 주고 이렇게 수량 다 틀리고
            업무도 그렇게 많지도 않은데 이거 하나 못해요?
            진짜 너무하네. 받은 만큼은 일하세요? 네?
    문소희  죄송합니다. 지금 바로 고칠게요.
    박차장  지금 바로 보내야 하니까 빨리 고쳐요. 또 틀리지 말고.

박차장과 문소희의 대화가 마무리되고 문소희는 자리로 돌아가려 한다. 이정이 문소희의 얼굴을 살피는데 표정이 좋지 않다.

116

이정    박차장님.

박차장  네?

이정    (괜히 웃으면서) 좀 너무하시는 거 같아요….

박차장과 문소희의 대화에 신경도 쓰지 않던 직원들이 이정의 딴지에
시선이 쏠린다.

박차장  (잘못 들었나 싶다) 네?

이정    … 말씀이 너무 심하신 거 같아요.

        저도 경리부에서 일했었잖아요.

        영업부는 비수기지만 경리부는 지금 제일 바쁠 때인데…

        어제 문소희 씨 퇴근도 늦게 했어요.

        박차장님이 퇴근 바로 전에 자료 넘기셨잖아요.

        그렇게 급박하게 넘겨주시면 당연히 오류가 나죠….

박차장  이정 씨가 무슨 상관이죠?

이정    저도 경리부에서 일할 때 매번 느꼈던 건데

        또 그러시니까….

문소희가 사무실 중간에 붕 뜬 상태로 서 있다.
문소희는 이정이 거슬린다.
대리가 못 참겠다는 듯이 의자를 돌려 이정에게 쏘아붙인다.

대리    이정 씨 지금 되게 웃긴 거 알아요?

        여기가 무슨 중학교예요? 공과 사는 구분하시죠?

117

　　　　단짝은 퇴근 후에 개인적으로 챙기세요.

　　　　업무 방해하지 말고.

　　　박차장　두 분 원래 자리로 옮기세요.

　　　이정　　자리는 왜….


문소희가 아무 말 없이 짐을 챙겨 원래의 자리로 돌아간다.


(시간 경과)

퇴근 시간. 모두들 집에 갈 준비를 한다.

이정이 문소희의 책상을 손으로 툭툭 친다.

문소희가 이정을 쳐다본다.


　　　이정　　나 화장실 다녀올게.


이정이 사무실 밖으로 나간다.

문소희는 별 반응 없이 마저 책상을 정리한다.




　　76. 사무실 복도 ― 저녁


물기를 아무렇게나 옷에 닦으며 화장실에서 나오는 이정.

복도 끝에 밖으로 나가는 문소희의 뒷모습이 보인다.

이정    소희야! 문소희!

문소희는 반응 없이 멀어져간다. 따라가는 이정.
코너를 돌자 이미 문소희는 계단 저 아래를 내려가고 있다.
문소희에게 전화를 걸지만 전화는 꺼져 있다.


## 77. 차 안 — 저녁

이정이 멍한 얼굴로 전화를 걸며 운전한다.
문소희는 전화를 받지 않는다.
차가 신호에 걸리고 깜빡이 소리만 규칙적으로 들린다.
휴대폰을 내리고 창밖을 보는 이정.

건너편 삼겹살 가게에서 수경이 혼자 고기를 구워먹고 있다.
뒤차가 클랙슨을 울린다.
이정은 출발한다.


## 78. 삼겹살 가게 — 저녁

이정이 수경의 앞자리에 앉는다.

수경은 갑작스러운 이정의 등장에 놀랐지만 아무렇지 않은 척한다. 일부러 너 쌈을 크게 싸서 먹는 수경. 소주도 한잔 따라 마신다. 이정은 빈자리에 놓여 있는 수저를 쳐다본다.

이정    창피하기는 했나보네. 또 끝?

수경이 아무 말 없이 삼겹살을 더 올린다. 이정도 젓가락을 들고 먹기 시작한다. 두 사람은 한동안 말 없이 열심히 허기를 채운다.

수경    너 태어났을 때 몇 키로였는지 알아? 4.36이야. 4.36.
        그때 나는 몇 키로였는지 알아? 39키로그램.

이정이 씹던 것을 멈춘다.
수경을 말하면서도 계속 입으로 고기를 가져간다.

수경    니는 욕심이 너무 많아 원래부터.
        젖은 또 얼마나 빨아대던지.
        니 팔뚝에, 허벅지에 살들 다 니 건 줄 알지?
        혼자 컸다고? 너가 뭘 먹고 컸는데.
        가게에서 하루 종일 여편네들 밑 데우면서 번 돈이야.
        땀구멍으로는 땀, 입으로는 남편 욕, 시부모 욕, 이웃 욕,
        욕욕욕… 다 쏟아버리고 가.
        그러고 다들 개운하게 집으로 가는 거야.
        가게에, 내 몸에 그것들이 계속 쌓여.

공해야. 그것도 다 공해다.

몇 년을 그 증기며, 공해며 버텨가며 번 돈.

그게 다 니 입으로 갔어. 먹여 살린 값을 해야지.

잔소리 좀 듣고 하는 게 뭐 어떻다고.

짜증 좀 받아줄 수도 있는 거지.

나도 적당히 살고 싶었어.

그렇게 억척스럽게 살고 싶지 않았다고.

나는 그깟 잔소리 좀 듣는 대신에 밥 먹여준다고 하면,

아이고 감사합니다, 하겠다.

어휴, 엄마가 많이 힘들어서 그렇구나—

엄마 그래그래, 마음이 그렇구나—

빨아먹을 거 다 빨아먹고 욕먹는 건 입이 쓰다고 뱉어?

너 진짜 의리 없어.


고기를 씹는 수경의 얼굴에 당당함이 보인다.

이정은 부끄러워 젓가락을 놓는다.




## 79. 복도 — 저녁


엘리베이터 문이 열렸다.

수경이 먼저 내리고 이정도 뒤따라 내린다. 둘은 꽤 취해 보인다.

수경은 비틀대면서도 앞으로 걸어가고 이정은 한번 크게 휘청한다.


**121**

이정, 정신을 차리려고 눈에 힘을 주고 앞을 본다.

수경이 이미 저 앞에 현관문에 다다른다.

이정은 수경이 또. 문을 잠글까봐 빠르게 걸어가는데 자꾸만 다리에
힘이 풀린다.

수경, 문을 열고 들어간다.

이정, 숨이 거칠어진다.

그런데 수경은 문을 닫지 않는다.

집 안의 불이 켜진다.

현관문은 전등불을 쏟아내며 환하게 이정을 기다린다.

이정은 잠시 그 환한 문을 바라보다가 천천히 걸어간다.

현관 앞에 당도한 이정. 집 안을 바라본다.

수경이 거실 소파에 아무렇게나 누워 있다.


      이정     엄마. 그럼 나는? 나는 어떡해? 엄마한테 쌓인 거. 그거.
                  나한테 다 쏟아내면 나는 어떡해?


형광등 소리만 댕- 하고 울린다. 수경은 미동도 없다.


      수경     너도 딸 낳아.


이정의 몸에 힘이 빠진다.

이정이 무기력하게 집 안에 들어간다.

현관문이 닫힌다.

아파트 복도가 고요하다.

80. 기실 — 낮

소파 밑에서 잠들어 있던 이정이 깬다.
몸을 일으켜 소파 위를 보는데 텅 비어 있다.
이정이 소파에 기어올라가 어젯밤 수경의 자세로 눕는다.

휴대폰을 켜는 이정.

어디 아파? 무슨 일 있어?
죽 사갈까?

이정의 메세지를 문소희는 읽지 않았다.

너무해

전송 버튼을 누르려다가 다시 지운다.

누군가 문을 두드린다.
현관문을 여는 이정. 택배가 왔다. 기사는 이미 다른 곳으로 갔다.
택배 상자를 보는 이정. 수경 앞으로 온 종열의 택배다.
거실로 택배를 들고 와 뜯어보는 이정.
코트와 편지 봉투가 들어 있다. 봉투 안에는 편지와 사진이 있다.
이정은 편지를 읽어본다.

수라가 할머니 네서 살겠다고 하더라.

소라는 당신을 다 이해하더라고.

내가 너무 둔했던 거 같아. 미안해.

사랑하는 두 여자 사이에서 많이 배우고 노력할게.

우리의 집에서 같이 일상을 보내는 날이 빨리 왔으면 좋겠다.


소라의 졸업식 사진이다.

사진에는 수경, 종열, 소라가 어깨동무를 하고 있다.

정확하게는 수경, 소라 가운데서 종열이 두 여자를 안고 있다.




## 81. 좌훈방 가게 — 낮


TV에서는 웃고 떠드는데 그걸 보는 수경은 미간에 인상을 쓴 채 잔
뜩 곤두선 표정이다. 팔짱을 끼고 TV를 노려보는 수경.

도어벨이 울리고 애정이 들어온다. 애정도 무언가 잔뜩 곤두선 표정
이다.

똑같은 표정으로 똑같이 TV를 노려보는 두 사람.

수경이 슬리퍼를 신고 다리를 꼬고 앉아, 요란하게 다리를 떨고 있다.

슬리퍼가 반쯤 걸린 수경의 맨발을 노려보는 애정.

수경이 애정을 슬쩍 본다.


    수경     (누구든 걸리면 터질 듯하다) 왜.

애정    (비아냥대며) 좋냐?

수경    (왜 지랄이냐는 표정으로) 뭐가.

애정    크림. 좋냐고.


수경이 카운터 아래에 있던 쓰다만 풋크림을 카운터 테이블 위로 던지듯 놓는다.


수경    싸구려.

애정    싸구려는 니가 싸구려지.

수경    (고개를 돌려 애정을 똑바로 처다보며) 뭐? 뭐라고 했냐.

애정    니는 한 사람으로 만족이 안 되냐?

수경    그건 니 남편한테 물어봐야지.
       난 가만히 있었는데 갑자기 와서 그거 주더라.
       내 뒤꿈치를 지가 신경 쓰기는 왜 신경 써. 참 내.

애정    니가 신호를 줬겠지. 니 원래 그러잖아!

수경    뭔 신호? 야, 아무리 궁해도 니 남편은 아니야.
       무슨 할아범탱이한테 신호를 줘?
       이상한 얘기할 거면 입 닥치고 꺼져.
       왜 니네 부부 욕구불만을 나한테 쌍으로 지랄이냐.
       니가 그 따위로 사는 거 나한테 풀지 마.


쓰다 만 풋크림을 들고 애정이 나가려다가 뒤돌아 수경에게 말한다.


애정    니나 그 따위로 살지 마. 니 성격 진짜 사이코 같애.

나랑 이정이니까 참고 지내지.

손님들이 다 니 좋아하는 것 같지?

뭐, 매력적? 웃기고 있네.

니 없을 때 니 지랄맞다고 얼마나 욕하는데.

얼마나 니가 또라이면 딸이 재판 증인으로 나오냐?

딸하고도 안 좋아. 애인, 애인 딸, 친구 뭐 다 싸워.

그래도 모르겠냐? 니가 문제야. 불쌍하다 불쌍해.

말년에 혼자 죽어야 정신을 차리지.


애정이 나간다.

수경, 어안이 벙벙하다. 뭘 어떻게 해야 할지 몰라 그냥 다시 TV를 본
다.

수경의 얼굴이 점점 달아오른다.




### 82. 거실 ─ 이른 저녁


집에 돌아온 수경. 많이 지친 듯 소파에 그대로 앉는다.

겉옷을 벗는데 땀 때문에 잘 벗겨지지 않는다.

휴대폰 벨소리가 울린다.


'나의 종열씨'

고민하던 수경은 전화를 받는다.

    수경    …
    종열    …

아무 말 없이 수화기 너머의 상대방 숨소리만 가만히 듣는 두 사람.
종열이 먼저 훌쩍이기 시작한다. 종열의 흐느낌에 수경도 같이 흐느낀
다. 한참을 그렇게 같이 운다.

    수경    (퉁명스럽게) 왜 우는데.
    종열    (훌쩍이며) 수경이는 왜 우는데.
    수경    (목소리가 떨린다) 자기가 울잖아.
    종열    … 수경이가 전화 안 받는 게 세상에서 제일 무서워.
    수경    … 나도 무서웠어.

코를 킁킁대면서 피식 웃는 종열. 수경도 같이 킁킁대며 피식 웃는다.

    종열    잘 맞아?
    수경    (콧물을 훔치며) 뭐가?
    종열    택배 안 받았어? 도착 문자 떴는데.
    수경    택배?

수경이 이정의 방으로 가 세번째 서랍을 연다. 그사이 옷조각이 늘었
다. 코트 재질은 보이지 않는다. 이정의 방을 뒤지던 수경은 침대 아래

127

시 민 빅스와 찢긴 판시와 사시을 남서하나
수경은 이정에게 선화를 실시만 받지 않는다.


### 83. 문소희의 집, 현관 앞 ─ 이른 저녁

수경의 코트를 입고 문소희의 현관문을 두드리는 이정.
안에서 아무 반응이 없다. 한참을 그렇게 문을 두드린다.

　　문소희　뭐 하세요?

이정이 고개를 돌리자 문소희가 서 있다.

　　이정　　(안심한다) 아 집에 없었구나…. 너 주려고 죽 사왔어.
　　　　　　걱정했잖아. 들어가서 같이 먹자.

가만히 이정을 바라만 보고 있는 문소희. 표정이 좋지 않다. 이정은
문소희의 눈치를 살핀다. 괜히 몸을 배배 꼬며 손잡이를 잡고 서서 문
소희를 보는 이정.

　　이정　　야… 너 진짜 왜 그래. 내가 뭐 잘못했어?
　　　　　　뭔지는 모르겠지만 마음 풀어. 일단 들어가자 응? …
　　문소희　…

문소희가 모퉁이를 돌아 나간다. 달려가 문소희를 붙잡는 이정.

이정　안 그래도 힘들단 말이야. 아까 택배가 하나 왔는데–

문소희　언니. 저한테 왜 그래요?

이정　… 너는 나한테 왜 그래? 너 왜 그래… 진짜… 섭섭하다.

문소희　언니가 왜 섭섭해요? 나한테 왜 섭섭한 건데요.

이정　너 이직 준비하는 거 왜 말 안 했어?

문소희　내 노트북 봤어요?

이정　… 나는 다 너한테 말했는데 너는 왜 나한테 말을 안 해.
　　　나는 하루 종일… 괜히 박차장님 때문에 그런 걸까봐.
　　　박차장님한테 화도 나고…
　　　너 어디로 가나. 같이 따라갈까 고민도 하고.
　　　근데 너는 연락도 안 되고 나 피하는 거 같고.

헛웃음이 나는 문소희. 자신을 비웃는 문소희에게 이정은 수치심이 든다.

이정　너 왜 그렇게 웃어?

문소희　언니랑 내가 뭔데요.

이정　너는 그러면 안 되지. 너는 다 알잖아.

문소희　그게 뭐요. 아무것도 아닌데.

담담하던 문소희의 눈이 빨개졌다.

문수회 저 집 나가려ㄱ 엄청 누력했어ㅇ

근데 언니 왜 자꾸 날 집으로 돌려보내요.


이정을 지나쳐 가버리는 문소희.

이정의 뒤로 문이 열리는 소리가 들리고 곧 닫히는 소리가 들린다.


## 84. 현관 ── 새벽

도어락의 불빛이 흔들린다.

허공으로 엇나가는 손가락. 버튼을 자꾸만 잘못 누른다.

마침내 삐삐삐삐삐 - 경보음이 조용한 복도에 울려 퍼진다.

당황한 이정은 다시 버튼을 눌러보지만 경보음은 멈추지 않는다.

갑자기 열리는 문. 수경의 얼굴.

이정을 가만히 노려보는 수경.

이정은 수경의 시선을 무시하고 집으로 들어간다.

비틀대며 신발을 벗는 이정.

수경은 이정이 신발을 채 벗기도 전에 코트를 먼저 벗기려 한다.

이정은 수경을 밀치더니 코트를 스스로 벗는다.

비틀대는 이정 덕에 현관에 쌓여 있던 재활용 쓰레기들이 쓰러진다.

이정, 그대로 방에 들어가려는데

이정의 방에 수경의 옷조각들이 다 꺼내져 있다.

이정이 수경을 노려본다.

수경이 소파에 앉는다.


수경  너 진짜 완전히 돌았어.

    넌 정말 정신과 상담 좀 받아봐야 해.

이정  내가 왜 정신과 상담을 받아.

수경  왜? 몰라서 묻냐? 니 눈앞에 있잖아.

    그게 정신병자짓 아니야?

이정  그래 나 정신병자야.

    내가 왜 정신병자가 됐는데! 내가 왜 이렇게 자랐는데!

    정신병자 밑에서 자라니까 정신병자지.

    나도 싫어. 이렇게 사는 것도 지겨워.

수경  나도 지겨워!

이정  다 엄마가 만든 거야.

    나도 엄마도 지겹게 사는 거 다 엄마 때문이라고.

수경  내 탓 좀 하지 마! 내가 뭘 그렇게 잘못했어?!

    너랑 있다가는 피 말라 죽을 거 같아!

이정  나 죽이려고 한 건 엄마잖아.

    나는 그날 놀랍지도 않았어.

    학교에서 엎드려 있을 때, 사람들이랑 얘기 나눌 때,

    회사에서 물품 정리할 때,

    엄마가 있는 집에서, 아무도 없는 집에서.

    언제나 그냥 갑자기 엄마가 나타나서

    나를 때리고 죽일 것 같았어. 항상 그랬어!

수경  내가 너한테 무슨 뭘 대단한 걸 한 줄 알겠다.

가게 오는 다른 엄마들도 자식들 말 안 듣는다고
때리고 욕하고 나 그러고 살아.
그때는 힘들어서 다 그렇게 살았어.
다들 잘만 지내는데 왜 너만 이렇게 유난이야!

자신의 상처를 유난으로 치부해버리는 수경에 이정은 말문이 막힌다.
소파에 앉아 있는 수경에게 이정이 다가간다.

이정      … 그래 나만 유난이야. 내가 비정상이야, 비정상.
          엄마. 나 정말 정신병자야.
          맞아. 그래서 나 친구도 없고 사람들도 다 나 싫어해.
          내가 문제인 거 알아 나도. 엄마, 나도 알아.
          저렇게 엄마 옷으로 지랄하는 거 나도 소름 끼쳐.
          엄마 나도 그러고 싶지 않아. 엄마 미워하고 싶지 않아.
          엄마, 근데 이거 다 엄마가 만든 거야.
          엄마가 나 이렇게 낳고 이렇게 만든 거야.
          다 엄마 때문이야.
          엄마 사과 한 번만 해. 엄마 내가 이렇게 부탁할게.
          나한테 사과 한 번만 해줘.

애원하듯 수경을 바라보는 이정.

수경      젖 줄까? 넌 왜 자라지를 않니?

## 85. 이정의 방 ― 아침

휴대폰 알람 소리.
잠이 덜 깬 채 알람을 끄는 이정. 대충 옷을 입고 밖으로 나간다.
현관 주변 바닥에는 쓰레기들이 그대로 있다.
보란 듯이 그대로 두고 지나쳐 가는 이정.


## 86. 조리원 복도 ― 낮

조리원 복도에서 자판기 음료를 마시며 쉬는 이정. 건너편 문 틈으로
엄마와 아기가 보인다. 자지러지듯이 우는 아기. 아기 엄마는 아무 감
정도 담기지 않은 표정으로 멍하니 아기를 보고 있다.
복도 멀리서 걸어오던 아기 아빠가 그 소리를 듣고 달려오자 그제야
아기를 어쩔 줄 모르는 척하며 달래는 아기 엄마.
이정, 그런 엄마와 눈이 마주치자 못 본 척한다.


## 87. 조리원 교재 판매부스 ― 낮

혼자 판매부스를 정리하는 이정에게 아까 그 아기 엄마가 다가온다.

이싱    서희 영업 끝났어요, 품서이 이세 없서는요

아기 엄마    교재 설명 들을 수 없나요? 배송하면 되삲아요.

이정은 하는 수 없이 팸플릿을 펼친다.

    이정    네. 이게 촉각책인데요. 신생아 때부터 책에 대한 흥미를
                심어주고 오감을 발달시키는 교재예요. 초점북, 헝겊북, 수
                면오디오 등이 세트고요. 이게 제일 많이 찾으시는 패키지
                예요. 요즘 영어 태교다 뭐다 다들 일찍부터 시작해서 신
                생아 교재는 빠른 것도 아니에요. 다들 이렇게 하는데 우
                리 아이만 뒤처질 순 없잖아요?

아기 엄마는 반응 없이 이정을 똑바로 쳐다만 본다.
이정은 아기 엄마의 시선이 신경 쓰인다.

    이정    이 헝겊책은 만져보시면 안에 비닐소재가 사용되어
                바스락 소리가 나거든요. 만져보시겠어요?

아기 엄마는 헝겊책에 손을 대지 않는다.
이정은 눈치를 보다가 다시 이어 말한다.

    이정    그거 아세요? 이 바스락 소리가 태아 때 엄마 자궁에서
                나는 소리와 비슷하대요. 그래서 우리 아이에게 우리 엄
                마의 자궁에서의 안정감과 따뜻함을 연상시켜주는 사운

드여서 아이가 울거나 보챌 때, 바스락 소리를 들려주면 도움이 돼요. 초점교육, 수면교육, 안정감 이런 것들이 아주 작아 보여도 나중에 세네 살만 되어도 집중력 차이가 또렷하게 보이거든요. 우리 아이가 어떻게 성장할 것이냐가 지금 이 시기에 엄마가 무엇을 해줬느냐 여기서 결정이 되는 거죠.

여전히 이정을 바라만 보는 아기 엄마.

    이정    초점책은 5에서 15센치미터 아 아니, 15에서 25센치미터 거리에서 한 페이지씩 보여주는 책인데요. 그… 선명한 흑백대비로 자극을 주는… 시각을 자극시키는 교재입니다. 함께 사용하면 효과가 더 좋은 초점토이가…

초점토이를 찾는 이정.
초점토이가 보이지 않는다.


### 88. 사무실 주차장 ─ 낮

차를 운전하는 이정.
사무실 주차장에 차를 세우고 트렁크를 연다.
트렁크와 뒷좌석에 가득가득 교재박스를 채워넣는다.

뒤쪽 시야가 다 가려질 만큼 조수석까지 가득하다.
자꾸만 넘쳐 굴러 떨어지는 교재들.
다시 주워넣지만 그대로 다시 굴러 떨어진다.
대충 아무렇게나 밀어넣고 트렁크를 세게 닫는다.
출발하려는데 차가 덜컹거린다.
이상하지만 다시 엑셀을 밟는 이정. 차가 출발한다.


## 89. 시장 — 저녁

야채 가게 앞에 서 있는 수경, 야채를 이것저것 살펴본다.
애정이 은근슬쩍 곁에 다가온다. 수경은 애정을 못 본 척한다.

> 수경　　다발무 반 단에 얼마예요?
> 가게 주인　　반 단은 안 팔아요. 한 단부터.
> 수경　　한 단 너무 많은데….

가게 주인은 수경의 말을 못 들은 척한다. 애정이 수경에게 말을 건다.

> 애정　　나눌래?

수경이 애정을 째려본다. 애정은 못 본 척한다.

애정    다발무 한 단 주세요.

애정이 다발무를 받아들더니 끌러서 자신의 장바구니에 무 두 개를
넣고 나머지 세 개가 담긴 봉지를 수경에게 건넨다.

애정    미안하대.

수경이 봉지를 받아들고 2천 원을 애정에게 건넨다.

수경    그래서?
애정    집 명의 내 이름으로 바꿨어.
수경    잘했네.
애정    야, 이거 무청이 왜 이렇게 시들하냐. 시래기 해먹어야겠다.

애정이 쭈그려 앉아 시든 무청을 뒤적거린다.
쭈그려 앉은 애정을 바라보던 수경이 옆의 분식집에서 핫도그를 산다.

수경    설탕 듬뿍 뿌려주세요.

설탕이 듬뿍 묻어 있는 핫도그를 건네는 수경.
케첩을 얼마나 뿌렸는지 손에 질질 흐른다.

(cut to)
장을 보러 나온 많은 인파 속.

수경과 애정이 짐바구니를 들고 핫도그를 아무시고 씩씩하게 먹으며
니러히 길어산다.


### 90. 수경의 방 — 낮

종열이 선물한 코트를 입는 수경.
방을 나서려다 갑자기 속옷 서랍 깊숙한 곳을 뒤적거린다.
오렌지색 이너웨어를 집어드는 수경.
옷을 벗는다.


### 91. 식당 — 낮

고급 식당에 들어서는 수경.
유리에 비친 자신의 모습을 보며 화장을 확인한다.
수경은 무언가를 발견한 듯 걸음을 옮긴다.
멈춰서 유리 너머를 바라보는데
같은 코트를 입고 있는 소라가 앉아 있다.
서로를 발견하고 똑같은 표정으로 놀라는 두 사람.
수경이 한 발자국 물러난다.
종열만 이 상황을 알고 있었던 듯 호탕하게 웃으며 수경의 팔을 끌고

들어간다.

종열    (분위기를 띄우려고 너스레를 떤다) 아, 이제 다 모였다!
       (수경과 소라, 두 사람을 번갈아보며)
       요즘에 그게 유행이라던데 트윈룩?
       모녀끼리 맞춰 입는 게 유행이래!
       야- 둘이 진짜 잘 어울린다.
       같은 옷을 입어서 그런가 뭔가 생김새도 닮아 보이는데?

말없이 종열을 바라보던 수경이 종열의 손을 뿌리친다.
수경이 코트 단추를 하나씩 툭-툭- 푼다.
오렌지색 이너웨어만 걸친 수경의 몸이 드러난다.
코트를 종열에게 집어던지는 수경.
당황한 종열은 이너웨어를 걸친 수경의 몸이 못 볼 거라도 된다는 듯
소라의 시선을 몸으로 막는다.
수경은 헛웃음이 난다.
걸음을 옮기더니 소라와 얼굴을 마주한다.
두 여자의 얼굴 사이에 애잔함, 피곤함, 통쾌함, 슬픔의 감정들이 교류
한다.
자신은 이렇게 종열과 이별하지만 아마도 평생 종열과 이별할 수 없을
어린 여자를 남겨두고 수경은 그 자리를 떠난다.

## 92 거리 ― 낮

한겨울 이너웨어만 입고 걷는 수경.
길거리의 사람들이 수경을 신기하게 처다본다.
이 겨울에 이너웨어만 입어서,
여자가 이너웨어를 입어서,
50대 여자가 이너웨어를 입어서.


## 93. 사무실 ― 낮

외근을 다녀온 이정이 교재를 들고 계단을 오른다.
사무실 유리문 너머로 박차장이 문소희 자리를 정리하는 것이 보인다.
이정이 사무실로 들어선다. 바닥의 콘센트가 사라졌다. 테이프도 말끔하게 떼져 있다. 문소희의 자리가 비었다.
이정이 문소희의 자리로 다가간다.

　　박차장　이정 씨. 원래 자리에 가서 앉아도 돼.
　　이정　　네?
　　박차장　몰랐어? 문소희씨 무단 퇴사했어. 내가 이럴 줄 알았다.
　　　　　　처음부터 느낌이 쎄하더라고….
　　　　　　이정 씨는 원래 자리에 가서 앉고 곧 새 직원 채용될 건데
　　　　　　그전까지만 경리부랑 영업부랑 동시에 일을 봐야겠어.

요즘 비수기라 크게 바쁘진 않으니까 괜찮겠지?

어제 저녁에 개인 물품도 다 빼갔더라.

진짜 사람이 정이 없어.


이정이 사무실을 나간다.


박차장  이정 씨 어디가?!



## 94. 빌라 앞 — 낮


이정이 차를 운전해 문소희의 빌라 앞에 도착한다.

이정이 빌라 앞에 차를 대고 기다리고 있다.

잠시 후 면접을 보러 가는 듯 정장 차림의 문소희가 빌라에서 나온다.

이정은 차로 문소희의 뒤를 따른다.


문소희는 누군가와 통화를 하고 있다.

이정이 문소희의 옆으로 차를 바짝 대자 문소희가 옆을 본다.

이정과 눈이 마주친 문소희.


한동안 말없이 서로를 바라보며 나란히 앞으로 가는 두 사람.

이정을 바라보는 문소희의 입꼬리가 슬며시 올라간다.

문소희의 미소에 이정 마음이 녹으며 또한 미소 짓는데,

문소희가 획- 코너를 꺾어 뒤돌아 간다.

멈춰 선 이정.
멍하니 사이드미러로 뒤돌아 걸어가는 문소희의 뒷모습을 바라본다.
웃으며 통화하는 문소희가 이정의 사이드미러 밖으로 벗어난다.

곧 차를 다시 움직이는 이정.
목적지 없이 멍하니 차를 운전한다.
허공을 보는 이정의 눈에 눈물이 차오른다.
계속, 계속, 계속 운전한다.

그런데 갑자기 차가 진동하기 시작한다. 점차 진동이 커진다.
눈물을 흘리던 이정은 차에 이상을 감지하는데
덜컹거리는 차.
감당할 수 없는 속도로 차가 앞으로 발진한다.
당황한 이정은 기어를 조작하려 하지만 속도가 너무 빨라 핸들에서
손을 뗄 수 없다.
가까워지는 전봇대가 시야에 들어온다.
이정은 급히 전봇대를 피해 핸들을 돌리고
좁은 골목 담벼락에 이정의 차가 박혀버린다.

몰려드는 사람들. 담벼락 사이에 낀 상태로 사람들이 접근할 수 없다.
'119 불러야 하는 거 아니야?', '저 아가씨 기절했나봐', '어떡해?' 수근

댄다.

정신을 차린 이정이 문을 열려고 하는데
담벼락 때문에 10센티미터 남짓밖에 열리지 않는다.
차에 갇혀버린 이정.

이정은 울컥하더니 눈물을 쏟는다.
운전대에 고개를 숙이더니 갑자기 낄낄 웃는 이정.
그러더니 또 훌쩍이고 울고 웃고.

탕-탕-
몰려든 행인 중 한 명이 나올 수 있냐며 트렁크를 친다.
이정은 고개를 들지 않는다.
탕-탕-


### 95. 폐차장 ― 낮

굉음을 내며 움직이는 거대한 기계.
너무나 손쉽게 이정의 사고차가 찌그러지고 부서진다.
자신의 차가 폐차되는 것을 바라보는 이정.
얇게 압축된 차가 옮겨지고 그 위에 또 다른 압축된 차가 샌드위치처
럼 쌓인다.

(cut to)

낡고 퇴색되고 녹슨 것들이 양옆으로 높고 높게 쌓여 있다.
끝없이 긴 그 사잇길을 이정 혼자 걷는다.


## 96. 이정의 방 — 노을

창문에 기대 통화를 하는 이정.
한손으로는 차키를 만지작거리며
단지 주차장에서 자전거를 연습하는 남자아이를 본다.
자꾸 넘어지면서도 비틀비틀 연습하는 아이.

> 외삼촌(V.O.)  머리카락이 안 나는 줄 알았는데
> 연경이가 없어지니까 나기 시작하더라고.
> 아무리 생각해도 이상한 거야.
> 그 나이에 안 나던 머리가 갑자기 나니까.
> 근데 그 옆 탁자 밑에 흰 머리카락이 한 주먹 있더라고.
> 연경이 그년이 하루에 다섯 가닥씩
> 어떤 날은 열 가닥씩 몰래 뽑은 거야.
> 티 안 나게 꾸준히 그렇게 만든 거야 그 땜빵을.
> 참 소름 끼치는 년이지. 지 엄마 머리를 그렇게 만들고.
> 다달이 꽁으로 봉사하는 것도 아니고
> 삼촌이 돈 백만 원씩이나 챙겨주는데.

144

기술도 없고 할 줄 아는 것도 없으면서

그냥 붙어 있을 것이지, 갈 데도 없는 년이, 쯧.


이정이 실수로 차키를 떨어뜨렸다.

차키가 아래로 저 아래로 떨어진다.

차키가 나뭇가지에 걸린다.


    외삼촌(V.O.)    야, 이정아. 아무래도 너가 할머니를 좀 봐야겠어.

    너밖에 없다. 이정아. 여보세요… 이정아? …


이정이 휴대폰을 내린다. 삼촌은 허공에 대고 이정을 계속 부른다.


바람이 분다.

나무가 쏴- 흔들린다.

차키가 가지 사이로 완전히 떨어진다.

차키는 이제 보이지 않는다.


(cut to)

진홍빛 노을이 방 안까지 넘어와 이정의 얼굴에 묻는다.

침대에 누워 가만히 천장을 보는 이정.


작은 방, 작은 천장, 기울어지는 노을.

동네 어귀에서 들리는 아이들의 웃음소리, 세탁기 돌아가는 소리,

수경의 발소리, 일상의 소리들.

이정 얼굴 위에서 누운끼 소리들이 사라져간다.


### 97. 이정의 꿈 — 과거

씩씩거리며 금방이라도 울 것 같은 표정으로 걸어가는 중학생 이정.
큰 보폭이며 힘준 발걸음이 자신의 분노를 온몸으로 말하는 것 같다.
벌컥- 현관문을 열자 화장대에서 마스카라를 바르는 수경이 보인다.

     이정    오늘 졸업식이라고 했잖아.
     수경    … (태연하게) 이제 나가려고 했는데 벌써 끝났어?

졸업식을 잊었다는 사실이 다 티가 나는 수경.
이정이 수경을 노려본다.
수경의 휴대폰이 울린다. 급하게 가방을 챙겨 나가는 수경.

     수경    (밖으로 나가며) 어어… 이제 나가.

아무렇지도 않게 밖으로 나가버린다.
집에 혼자 덩그러니 남은 이정.

(시간 경과)
술에 취한 듯 비틀거리며 들어오는 빨간 얼굴의 수경.

이정은 거실에 아무렇게나 펼쳐진 이부자리 위에서 잠을 자고 있다.

수경이 냉장고에서 물통을 꺼내 식탁에 앉아 입을 대고 마신다.

그러다 가만히 자고 있는 이정을 바라본다.

일어나 거실장의 서랍을 뒤지는 수경.

필름 한 장이 남은 일회용 카메라를 꺼낸다.

수경이 이정을 깨우려 흔들지만 일어나지 않는다.

흔들고 흔들다 머리를 내리친다.

별안간 날아온 주먹에 이정은 눈물이 난다.

알싸한 알코올 냄새를 풍기며 카메라를 들이대는 수경을 어이없는 표정으로 쳐다보는 이정.

수경은 웃으며 슬쩍 이정의 어깨에 손을 올린다.

빨간 얼굴로 웃고 있는 수경과 빨간 눈의 중학생 이정의 얼굴로 플래시가 터진다.


## 98. 이정의 방 ─ 새벽

깜깜한 새벽.

수경    … 이정… 김이정!

이정을 부르는 수경의 목소리에 이정은 잠에서 깬다.

일어나 방 스위치를 켜는 이정. 불이 켜지지 않는다.

147

이정은 휴대폰 플래시를 켠다.
휴대폰 플래시가 헤느라이트처럼 앞을 비춘다.
수경의 소리를 따라 화장실로 향한다.
화장실 문을 열자 욕조 안 나체의 수경이 보인다.
수경의 머리카락과 몸 군데군데 거품이 묻어 있다.

　　　　수경　　정전이야. 거기서 그러고 있어봐.

이정은 수경이 샤워를 끝낼 때까지 플래시를 비춰주며 서 있는다.
보일러가 누전되었는지 찬물밖에 나오지 않는다.
수경의 몸에 닭살이 돋았다.
이정은 다른 곳을 바라본다.
이정은 수경을 외면하지만 플래시가 너무 밝게 수경을 비춘다.
이정의 고개가 서서히 돌아간다.
수경의 체온과 수온차로 수경의 몸에서 더운 연기가 난다.
수경은 덜덜 떨며 씻는다.

수경이 샤워를 마치고 안방으로 간다.
이정은 수경의 앞을 비춰준다. 수경은 속옷을 꺼내 입는다.
침대 옆 협탁 위에 놓인 수경의 휴대폰을 집는다.
수경의 휴대폰에 플래시가 켜진다.
이정은 플래시를 끈다.
수경의 휴대폰 플래시만 아주 밝게 빛난다.
수경의 얼굴은 잘 보이지 않는다.

## 99. 거실 — 새벽

거실로 나오는 이정. 밖의 다른 집들도 모두 불이 꺼져 있다.
발에 차가운 느낌이 든다. 냉장고에서 물이 흐른다.
수경도 거실로 나온다. 수경도 냉장고에 물이 흐르는 걸 발견한다.
수경이 걸레로 바닥의 냉장고 물을 닦는다.
어두워서 수경이 걸레질하는 윤곽만 어렴풋이 보인다.
열심히 팔을 움직이는 수경.
쑥을 주워 담던 모습 같다.

이정이 거실 소파에 앉는다.
수경이 냉장고 문을 연다.

    수경    아… 다 녹았다. 이걸 어떡하냐.

수경이 냉장고에서 무언가를 꺼내 그릇에 담더니 이정에게 건넨다.
그릇을 받아드는 이정.
수경이 식탁에 앉는다.
수경이 무언가를 한입 떠먹는다.
이정도 떠먹는다.
반쯤 녹은 바닐라 아이스크림이다.

    이정    집에 바닐라 아이스크림이 있었네.
    수경    응.

이정    언제부터 있었지?

수경    모르겠어.


깜깜한 거실. 이정과 수경이 아이스크림을 떠먹는 소리만 들린다.


이정    엄마.

수경    응.

이정    날 왜 죽이려고 했어?

수경    … 죽이려고 안 했어.

이정    콱 죽여버리고 싶다며.

수경    내가 너 죽여버리고 싶다고 한 게 한두 번이냐.


자신의 말에 웃음이 나는 수경. 이정도 웃음이 난다.

큭큭대며 웃는 두 사람.


수경    넌 왜 담담했어.

이정    … 죽여버리고 싶다고 한 게 한두 번이 아니니까.


아이스크림을 다 먹은 두 사람.

이제 아무 소리도 들리지 않는다.

이정은 차분히 오랫동안 묻고 싶었던 질문을 한다.


이정    나 사랑해?

뜬금없는 유치한 질문에 수경은 헛웃음이 난다.

해가 뜨고 있다.

수경과 이정의 얼굴이 점점 보이기 시작한다.

한참을 그렇게 웃던 수경이 이정과 눈이 마주친다.

이정은 수경이 자신을 마구 비웃는 동안 간절히 수경을 기다리고 있었다.

수경의 얼굴이 싸늘해진다.

이정은 그 대답에 무너진다.

냉장고가 다시 돌아가는 소리가 들린다.


## 100. 부엌 — 아침

이정의 방 쪽에서 짐을 싸는 소리가 들린다.

이정이 캐리어를 끌고 방 밖으로 나온다.

사진을 찍듯 집 안의 풍경을 한곳 한곳 지긋이 바라보는 이정.

정돈된 이정의 방.

잡동사니가 쌓인 부엌.

시든 화분들이 쌓인 베란다와 거실.

커튼이 쳐진 수경의 방.

침대에 누워 있는 수경의 뒷모습.

이정이 뒤돌아 집을 나간다.

곧 수경이 방 밖으로 나온다.
이정의 방을 보는데 옷장이 텅 비었다.
수경이 냉동실을 연다. 냉동식품이 다 녹았다.
식탁 위로 녹은 냉동식품을 다 꺼낸다.
녹은 냉동식품이 산처럼 쌓였다.
파리한 얼굴로 가만히 식탁 의자에 앉아 있는 수경.

수경이 일어나 물을 끓이기 시작한다.
방으로 가더니 리코더를 들고 나온다.
수경은 리코더로 〈헝가리 무곡〉을 연주한다.

냄비에 물이 바글바글 끓는다.
수경은 냉동식품을 끓는 물에 넣는다.
요리를 시작한다.


## 101. 속옷 가게 — 아침

이정이 진열되어 있는 속옷을 둘러본다.
그간 수경의 취향대로 화려한 속옷을 입었던 이정은 심플한 디자인을
선택한다.
일곱 개의 속옷을 골라 계산대로 간다.

직원이 속옷 사이즈가 제각각인 걸 발견한다.

직원   손님. 이거 사이즈가 다 제각각인데…
       사이즈가 어떻게 되세요?
이정   (미처 생각하지 못했다) … 모르겠는데….

직원은 손님이 당황하지 않게 사려 깊은 미소를 지어 보인다.

직원   (줄자를 꺼내며) 한번 재드릴게요.
       의외로 사이즈 모르는 분들이 많아요.

직원이 이정의 옆구리로 손을 넣어 줄자를 두른다.
긴장한 이정이 숨을 참는다.

직원   (피식 웃으며) 편하게 쉬어요.
       숨을 참으면 제대로 된 사이즈를 알 수 없어요.

이정이 민망한 미소를 짓는다.
이정이 편하게 숨을 쉰다.
줄자가 당겨진다.
이정은 이제 자신의 사이즈를 안다.


끝.

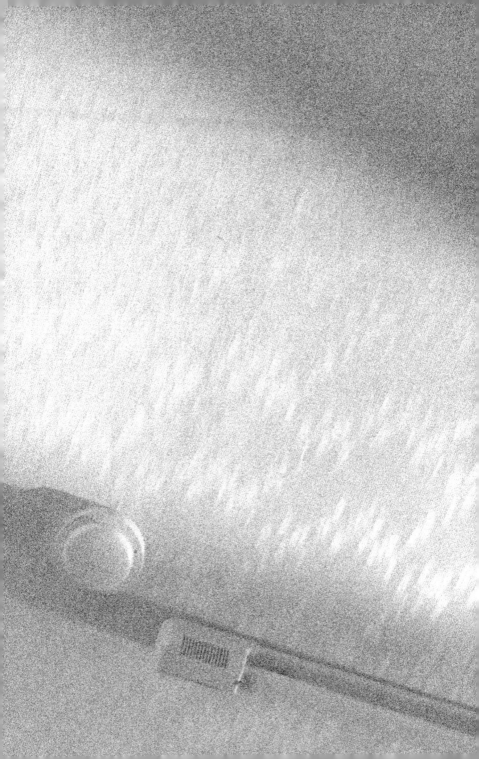

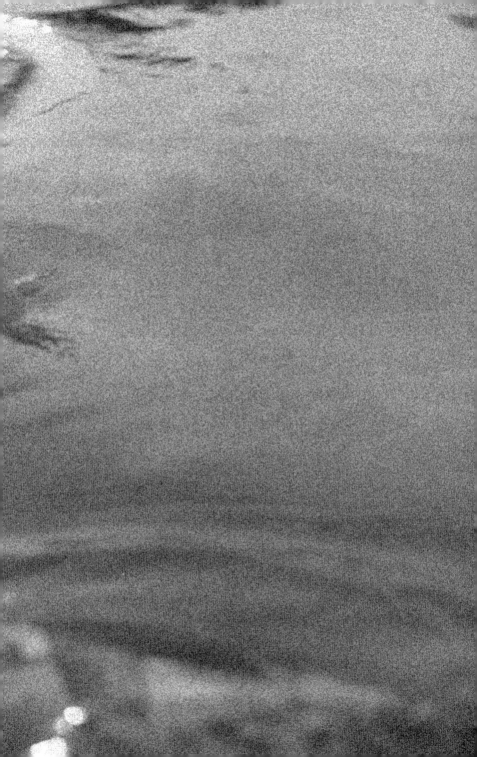

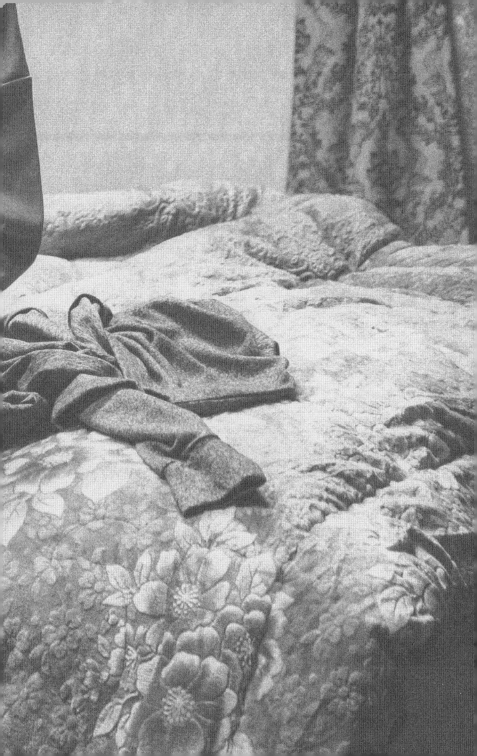

나체의

시간들

## 수경의 타이틀과

## 사진 찍기


수경은 이 영화에 타이틀 손글씨, 의상 제공, 소품 제공, 사진 속 문소희 엄마, 문소희 집 장소 제공, '윤수경' 이름 제공으로 참여하였다.

타이틀 글씨에 대해 고민하고 있을 때 장지원 피디가 어머님이 직접 글씨를 써보는 게 어떻겠냐고 제안했다. 내심 그 생각을 하고 있었지만, 수경에게 이미 너무 많은 것을 제공받았기 때문에 고민하고 있던 차에 그 제안이 반가웠다. 이 영화를 수경과 함께 마무리 짓고 싶었다.

인천 본가에 가기 전 다이소에 가서 노트와 매직을 샀다. 그 다이소는 원래 '동경스포츠센터'라는 이름의, 나체로 수영을 할 수 있는 수영 레인이 있는 목욕탕이었다. 어릴 적 수경과 어기적어기적 레인을 걷곤 하였다. 그날들을 생각하며 어기적어기적 노트와 매직을 골랐다.

TV를 보고 있는 수경에게 타이틀을 써달라고 했다. 귀찮다고 거절하는 그녀와 한참 실랑이할 것을 각오했는데 예상과 달리 그녀는 순순히 글씨를 썼다. 그녀의 글씨는 곱고 반듯했다. 내가 여태 엄마의 글씨체도 몰랐구나. 투박하고 진정성 있는 글씨체를 예상했는데 수경의 글씨체는 너무 정갈했다. 더 막 써달라고, 휘갈겨 써달라고 했다. 그녀는 소심하게 속도를 올리긴 했지만 여전히 글씨는 어여뻤다.

어여뻐 보이고 싶은 마음. 어여쁜 것만 보이고 싶은 마음. 나도 그런 마음 때문에 천천히 천천히, 어기적거리며 살아왔다. 모나 보이는 것을 숨기고 싶어서 조마조마하게 살았다. 수경과 나는 더 대담해질 필요가 있었다.

더 빠르게!
좋아!
더 거칠게!
멋져!

나의 요구 같은 응원에 그녀는 점점 더 속도를 높였다.
노트를 계속 넘겼다.
다시 쓰고 다시 썼다.
글씨가 노트 밖으로 넘쳐흘러도 멈추지 않았다.

'같은 속옷을 입는 두 여자'가 빠른 속도로 거침없이 적혔다.
엄마는, 수경은, 얼굴이 벌게진 채 웃고 있었다. 즐거워했다.
마침내 거칠고 엉성하고 투박하고 제멋대로인 타이틀이 완성되었다.

그것대로 딱 좋았다.

촬영이 일주일도 남지 않은 시점에 나는 인천으로 향했다. 소품으로 쓸 문소희 과거 집과 문소희 엄마의 사진을 찍기 위해서였다. 문소희는 집을 떠나기 전 엄마와 집 사진을 찍고 USB 깊숙한 곳에 그 사진을 저장한다. 이정은 집을 떠나기 전 휴대폰과 USB가 아닌 눈과 마음에 엄마와 집을 담는다. 그리고 나는 이 영화에 담을 엄마와 집을 만나러 간다.

우선 집 구석구석을 찍었다. 그리고 수경에게 소파에 누워 자는 척을 하라고 했다. 뭘 어떻게 하냐고 난감해하는 그녀에게 평소처럼만 하라고 했다. 그녀는 곧 능청스럽게 자는 척을 했다. 심지어 코까지 골며 연기에 빠져들었다. 튀지 않지만 화면에는 잘 보일 의상의 밝기와 색을 찾아서 여러 옷을 갈아입었다. 그녀는 귀찮다고 짜증을 내면서도 성실하게 옷을 갈아입었다. 거울도 보고 옷매무새를 가다듬고 머리카락을 빗었다. 자연스러운 자세를 찾아서 내가 그녀의 팔과 다리를 움직였다. 그녀는 나에게 팔과 다리를 맡기고 몸에 긴장을 풀었다. TV를 보다 그대로 잠에 들던, 매일 보던 그 모습.

언젠가 식탁에 둔《엄마들》이란 그래픽노블을 수경이 읽었다. 그녀는 그 책을 읽고 또 읽었다. 엄마가, 중년 여성이 주체가 되는 이야기에 큰 희열을 느낀 듯했다. 나에게 이야기가 필요한 만큼 엄마들에게도 이야기가 필요했다. 그 후 시나리오 속 딸과 엄마의 무게 추를 다시 잡았다.

나는 이 영화를 찍으며 수경에게 많은 것을 제공받았다. 옷과 신발, 가방 등을 다 가져가서 그녀는 추운 겨울을 보내야 했다. 장식품, 잡동사니, 쓰레기까지 가져가서 그녀의 집은 꽤 깔끔하고도 썰렁해졌다. 심지어 그녀가 먹고 있던 고구마까지 지퍼락에 야무지게 담아가서 홀라후프 신에 활용했다. 그녀는 이제 물건을 잃어버리면 나를 의심한다. 친척들이 모이거나 할 때면 '김세인이가 말이야, 영화 찍는다면서 내 옷이며 물건을 다 가져갔다'고 말하며 째려보는 것은 그녀의 단골 레퍼토리가 되었다. 그러고는 이내 꼭 키득키득 웃는 것도 그 레퍼토리에 포함이다.

마지막 사진 한 장을 남기고 나는 구도를 다시 잡아본다. 수경은 여전히 능청스럽게 자는 척을 한다. 그녀는 내가 카메라 버튼을 누르기를 기다리고 있다. 밖에서는 나를 기다리는 서울행 제작차의 엔진 소리가 들린다. 이 버튼을 누르면 나는 촬영장으로 떠난다. 가만히 눈을 감은 그녀의 입꼬리가 올라간다.

수경은 무슨 생각을 하고 있을까. 뭘 떠올리는 걸까.

# 나체의

# 기억

〈같은 속옷을 입는 두 여자〉로 받은 상금으로 가장 먼저 구매한 것은 가정용 사우나 기계이다. 당시 수경이 목욕탕에 다니고 있다는 느낌을 받았기 때문이다. 수경과 나는 따로 살고 있으므로 코로나 시국에 목욕탕에 가는 걸 막을 방법이 없어 대신 가정용 사우나 기계를 선물했다. 수경은 좋아했지만 가정용 사우나 기계 위에 올려진 옷가지는 일주일이 지나 2주, 3주… 그대로였다.

목욕탕은 수경에게 '목욕을 하는 곳' 이상의 공간이었다. 목욕탕, 좌훈방, 미용실 등은 본래 기능 이외에 중년 여성들의 상담소 역할을 하는 경우가 많다. 그렇기 때문에 실력과 기술도 중요하지만 고객들의 감정 케어도 중요한 노동 중 하나이다. 나는 그 역할 수행을 멈췄기 때문에 무작정 수경의 발길을 막을 순 없었다.

사실 나도 그 마음을 안다. 나는 어렸을 적부터 수경과 목욕탕에 자주 다녔다. 보통 일주일에 한 번에서 많게는 이틀에 한 번. 나도 코로나로 인한 우울감을 겪었는데 그 이유 중 '목욕탕'이 큰 부분을 차지한다는 것을 뒤늦게 알았다. 뜨거운 탕에 들어가 가만히 천장의 물방울들이 모아지는 것을 바라보고, 아득하게 울리는 약간의 소란스러운 소리를 듣고, 내 몸 이곳저곳을 살피며 때를 밀던 그 시간은 나에게 명상이었다. 그곳에서 나는 많은 것을 보고 배웠다.

사우나에 들어가면, 모두들 찬장에서 꺼내온 접시 하나씩을 갖고 있었다. 우아한 꽃이나 싱그러운 과일이 그려져 있었다. 대개 유행이 지난 구식 디자인이었다. 간혹 대나무를 가져온 사람도 있었다. 둥그렇게 둘러앉아 접시로 각자의 배, 어깨, 팔뚝, 허벅지를 벅벅 긁었다. 다이어트에 큰 도움이 된다고 했다. 그러나 몇 달 동안 지켜본 결과 별로 효과는 없는 듯 보였다. 언젠가 나도 궁금한 마음에 배를 몇 번 긁어보았는데 갈비뼈가 부러지는 줄 알았다.

여성들의 몸에 접시가 지나간 곳을 따라 붉고 푸른 멍이 들었다. 그러면 그들은 매우 만족해했다. 수경은 나에게 본인의 등과 접시를 건넸다. 접시를 통해 수경의 척추뼈들이 느껴졌다. 아플 것 같아서 못 하겠다고 하자 수경은 괜찮다며 더 세게 하라고 짜증을 냈다. 그렇게 나는 수경의 등에 척추뼈 모양으로 분절된 멍을 만들었다. 그리고 그들은 사우나와 냉탕을 오가며 자신의 몸을 담금질했고 무자비하게 때를 밀었다. 몸이 아주 붉게 변한 사람들만 탈의실로 향했고 그들의 몸은 금강불괴가 되었다. 그들 중에는 유방암으로 인해 가슴 한쪽이 없는 분도 있었고 배에 큰 제왕절개 자국이 있는 분도 있었다. 각자의 역사들이 몸에 남아 있었고 그 몸의 형태는 아주 다양했다. 모두 아름답고 단단

175

히고 강인했다.

처음부터 몸을 긍정하게 된 건 아니었다. 사춘기가 되고 몸이 부끄러웠다. 초등학교 때 매주 같이 목욕탕에 가던 친구들이 하나둘씩 목욕탕을 떠났다. 한 코미디 프로그램에서 겨드랑이털을 제모하지 않은 여성을 '엽기적인 여자'로 내세운 에피소드가 큰 화제가 되었다. 당시 수경은 민소매를 즐겨 입었는데, 겨드랑이털을 제모하지 않았다. 게다가 얇은 옷을 입고 브래지어를 하지 않아 유두의 색과 모양이 그대로 드러났다. 나는 수경과 함께 외출하고 싶지 않았다. 내 몸이 창피한 것처럼 수경의 몸이 창피했다. 나는 수경에게 민소매를 입지 말거나 제모를 하라고 했다. 브래지어를 하라고 짜증을 냈다. 코미디 프로그램을 보여주며 세상은 엄마를 엽기적인 사람으로 본다고 설교했다.

어느 날 욕실에서 샤워를 하던 수경이 나를 불렀다. 욕조 안에 피를 흘리는 알몸의 수경이 서 있었다. 수경은 어설프게 제모를 하려다가 그만 팔뚝을 베이고 말았다. 나는 꽥 소리를 질렀다. "그러게 왜 안 하던 걸 해. 그냥 가만히 좀 있어. 반팔을 입고 긴팔을 입어." 나는 수경에게 아무것도 하지 말고 몸을 가리고 다니라고 했다. 수경은 어정쩡한 얼굴을 한 채 수건으로 피를 닦았다. 그 후 그녀는 레이저 제모를 했다.

여성의 몸에는 모순되고 상반된 여러 요구들이 많다. 나는 그것을 내면화하고 수경과 나의 몸을 가리려고 했다. 몸이 수치스러웠다. 나는 목욕탕을 다니며 그 수치심을 흘려보낼 수 있었다.

목욕탕에서 여성들이 몸에 하는 행위들은 타인의 시선을 의식한 '미용'을 목적으로 하는 듯 보인다. 그러나 실상 내가 느꼈던 것은 자신을 위한 '돌봄'이라는 것이다. 수경과 언니 세영 그리고 나는 우유, 요플레,

황토, 소금, 달걀, 마요네즈 등 많은 것을 몸에 발랐다. 자신의 몸 구석 구석을 만지고 주무르고 살폈다. '기분'이 좋았다. 옷과 함께 어떤 역할들을 벗어버리고 맨몸으로 목욕탕에 입성한 여자들은 자신의 몸과 기분에 집중했다. 그들은 가족을 위한 음식을 담아내던 유행이 지난 접시로 사정없이 자신의 몸을 요리했다. 모두들 기분이 좋아 보였다. 나는 그렇게 목욕탕을 다니며 내 몸을 정복하는 자의 자리를 타인에게서 쟁탈했다.

〈같은 속옷을 입는 두 여자〉에서 여성의 몸과 관련된 장소와 장면들이 나오는 것은 섹슈얼한 맥락에서 수경의 '젊은 여성에 대한 질투'와 '나이 듦에 대한 거부'의 뜻이 아니냐는 질문을 받은 적이 있다. 나는 그 장면들을 내가 보낸 '나체의 시간들'에서 왔다고 말할 수 있을 것 같다. 연출 의도를 한두 문장으로 말할 수는 있지만, 여성의 몸으로 살아온 이 긴 시간과 많은 에피소드를 모두 말하지 않으면 그게 정말 맞는다고는 할 수 없을 것 같다. 이 글에 포함되고 또 포함되지 않은 모든 나체의 시간들에서 나도 미처 발견하지 못한 연결성으로 장면들은 발생되었다.

# 빨간 차

영화의 마지막 촬영은 빨간 차의 폐차 장면이었다.

빨간 차를 폐차시키며 다 같이 시원섭섭함을 공유하며 깔끔하게 영화를 마무리하려고 했는데 생각보다 너무 징그러웠다. 폐차되는 빨간 차를 보며 모두들 잠시 말이 없다가 분장 실장님을 필두로 한마디씩 쏟아졌다.

'징그럽다' '폭력적이다' '불쌍하다' '소름 끼친다'….

포크레인이 집게로 빨간 차를 잡아 뜯는데 마치 척추가 뽑히는 모습처럼 보였다. 빨간 차가 비명을 지르고 척수와 뇌수, 피를 뿜어내는 것처럼 보였다. 과장이 아니고 진짜, 모두 충격 받았다.

인격을 부여할 정도로 정들지 않은 것 같았는데. 촬영 때 붕붕이, 빵빵이 등 그 흔한 애칭 없이 빨간 차는 그냥 빨간 차였는데….

예상과는 다르게 찝찝하고 불쾌하게 마지막 촬영이 끝났다.

# 매캐한 공기

솔직히 고백한다.

나는 게을렀다.

한번도 좌훈방에 가보지 않고, 좌훈도 해보지 않고 글을 썼다.

목욕탕 구석에 있는 작은 좌훈방 정도는 구경해봤지만 단독으로 운영하는 좌훈방은 그때까지 가본 적이 없었다. 목욕탕에서 좌훈하는 사람을 보며 치마가 부풀어오르는 모양새가 태동 같다고 느낀 것, 회원제로 운영하기 때문에 사람들과의 관계가 중요한 직업이라는 것, 중년 여성들이 사랑방처럼 드나드는 곳이라는 것 등 좌훈방을 운영하는 일이 수경의 직업으로 적합하다고 머리로 생각한 이유들은 많았지만 실제 몸으로 느껴보지 못했다.

장소 헌팅 때 좌훈방을 처음 들어가봤는데 여러 좌훈방의 공통점은 하나같이 공기가 아주 매캐하다는 것이었다. 그곳의 공기에 다들 놀라

시침을 하고, 조금만 들러보고 밖으로 피신한 스태프도 있었다. 유일하게 좌훈방 가게 주인만 편안한 숨을 쉬었다. 수경이 '몇 년을 그 증기와 공해에 버텨가며' 번 돈과 그 시간의 무게가 다르게 느껴졌다.

내가 대사를 쓰고도 껍데기만 쥐고 있었구나. 부끄러웠다.

이런 생각이 들자 급하게 말복 선배님(수경 역)과 좌훈 체험 스케줄을 잡았다. 선배님은 전날 밤샘 촬영 때문에 잠을 못 주무시고도 기꺼이 동참하셨다. 우리는 이른 아침에 좌훈을 하며 연기 때문에 눈물을 쏙 뺐다.

매캐한 공기를 담은 패딩을 입고 그날 저녁 지호 씨(이정 역)를 만났다. 나는 내 옷에 묻은 공기를 그녀에게 맡게 했다.

"이 연기 냄새가 몇 년 동안 수경이 달고 다녔을 냄새예요."
"오, 소름 돋아요."

수경과 이정 사이를 오가며 매캐한 공기를 운반하였다.
촬영 동안 나는 두 여자 사이의 매개체가 되어야만 한다.
절대 게을러서는 안 된다.

## 바트이슐과

## 할슈타트

말복 선배님, 보람(문소희 역)과 베를린영화제 일정이 끝난 후 잠시 2박 3일 떨어져 있다가 오스트리아 빈에서 다시 만나기로 했다. 한국이 아닌 곳에서 처음 혼자가 되었다. 바트이슐에 숙소를 잡았다. 고요하고 오래된 호스텔이었다. 방은 침대 하나, 책상 하나, 옷장 하나로 꼭 차는 크기였다. 마루와 가구들은 오래되었지만 관리가 잘되어 있었다. 조식은 신선하지는 않았지만 정성이 있었고 직원들은 친절했다. 예약할 때 기대하던 그 모습이었다.

밤에는 어두운 시골길을 걸어 겨우 식당 하나를 찾았고 소시지에 맥주를 마셨다. 너무 외로워서 혼자 캐나다에서 지내고 있는 친구가 생각났다. 바쁘다는 이유로 통화도 자주 못 했는데 너도 이렇게 외롭게 지내고 있었겠구나. 오랜만에 몇 시간 동안 영상통화를 했다. 만족스러운 하루였다.

다음날 아침 바트이슐에서 할슈타트까지 강을 따라 두 시간 동안 걸었다. 참 좋아하는 날씨였다. 눈도 오고 말노 보고 백조도 보고 오리도 봤다. 산은 거대하고 강물은 느리게 흘러갔다.

두 그루의 나무가 아치형으로 기울어진 곳 밖으로 작은 절벽이 보였다. 나를 위한 무대 같아서 미끄러지듯 절벽으로 걸어가 그 끝에 섰다. 큰 산과 강을 관객으로 두고 자우림의 〈팬이야〉를 불렀다.

난 나의 팬이야! 김세인 너! 힘내라고!
김세인에게는 김세인이 있다!

할슈타트에 도착했다. 루터 교회에 들어가서 낡은 곳에서 나는 소리들을 가만히 들었다. 다시 밖으로 나와 물을 사려고 지갑을 열었는데 한국 돈만 들어 있었다. 유로가 든 지갑은 숨겨놓고 한국 돈만 든 지갑을 들고 왔다. 내가 너무 싫어졌다. 갈 때는 기차를 타고 가려고 했는데 망연자실했다.

그때 어디선가 한국어가 들렸다. 여행을 온 가족이었다. 사정을 설명한 뒤, 약간의 잔소리를 들으며 기차표 값과 맥주 한 잔 값을 유로로 바꾸었다. 참 고마운 가족이었다. 이렇게 친절한 사람들을 만나다니 나는 역시 운이 좋다.

다시 마음이 놓이고 주변을 둘러보자 이미 해는 지고 있었다. 치킨 윙과 맥주를 마시며 호수를 바라보았다. 맛 좋고 경치 좋고 다 좋고 딱 좋고, 그래 걸어가자. 맥주와 뱅쇼로 기차표 값을 다 썼다.

할슈타트에서 나와 걷다가 깨달았다. 이곳은 한국과 다르게 가로등이 없다는 것을. 뒤를 돌아보자 할슈타트의 불빛들도 하나씩 꺼지고 있었다. 휴대폰은 배터리는 3퍼센트, 데이터도 다 썼다. 배터리가 다 닳을 때까지 미친 듯이 뛰었고 곧 휴대폰이 꺼졌다.

이윽고 완전한 어둠에 홀로 서 있었다. 아무것도 보이지 않았다. 차들이 때때로 아주 빠르게 지나가는 도로 혹은 한 발짝만 헛디뎌도 사라져버리는 절벽길. 둘 중 선택을 해야 했다. 고민하던 나는 절벽길을 기어갔다. 절벽을 더듬거리면서 과거를 저주했다.

맥주를 한 잔만 마셨으면.
기차를 탔으면.
휴대폰을 충전했으면.
할슈타트에 오지 않았으면.
바트이슐에 오지 않았으면.
한국을 떠나지 않았으면.
집에만 있었으면.

더 이상 이 일과 무관한 것들까지 저주하면서 기어갔다. 손끝에서는 낭떠러지가 만져졌다. 머리 위로는 짐승의 울음소리가 들렸다.

〈같은 속옷을 입는 두 여자〉를 본 사람들에게 용기와 모험심이 강하다는 이야기를 들었다. 그러나 나는 원래 강인하고 계획적이고 용기 있는 편이 아니다. 언제나 충동적이고 기분에 따라 움직이며 불안에 떨곤 한다. 그 때문에 이렇게 낭패를 보곤 한다.

차든 짐승이든 내 마음속 무언가든 나에게 돌진해 이대로 내가 낭떠러지 아래로 떨어져버릴 수도 있다는 생각이 들자 나뭇가지는 풀이든 돌멩이든 뭐든 더 꾹 쥘 수밖에 없었다. 잔뜩 엎드린 채로 치마며 무릎이며 흙을 묻히고 무엇이든 붙잡고 가는 모습이 지난 몇 년 동안의 내가 살아온 방식이 실체화된 듯했다.

네 시간을 넘게 기어 숙소에 도착했다. 잠을 자고 할슈타트에 또다시 걸어갔다. 나쁜 기억으로 남기고 싶지 않았다. 오기로 다시 걸어서 가고 걸어서 돌아왔다. 짐을 챙겨 기차역으로 갔다. 기차 요금이 달랐다. 미리 예약을 하지 않아 예상한 금액의 여덟 배가 넘었다. 체력도 방전, 지갑도 방전이었다. 너무 지쳤다. 뭘 포기해야 할지 모르겠지만 그냥 다 포기하고 싶었다.

구석에 캐리어를 의자 삼아 앉아 있는데 어디선가 음악 소리가 들리기 시작했다. 엄마, 아빠, 오빠, 여동생 네 명의 가족이 휴대폰으로 왈츠를 틀고 함께 춤을 추기 시작했다. 아주 작은 공간이었기 때문에 그들은 내 바로 코앞에서 춤을 췄다. 너무 가까워서 바라보면 혹시나 실례가 될까 고개를 숙였다. 포커스아웃된 시선으로 그들의 움직임이 어렴풋이 느껴졌다.

작은 역을 빙글빙글 돌면서 그들은 순수한 기쁨을 만끽하고 있었다. 그 공간에 따뜻하고 기운찬 에너지가 넘실거렸다. 그들의 기억에 이 순간이 아주 오래도록 남을 거고, 단역으로나마 그 행복한 순간에 조금의 자리를 차지할 수 있다는 생각이 들자 모든 것들이 감사했다. 다 괜찮아졌다. 순수한 행복의 유일한 목격자가 되는 축복이었다.

기차가 도착했다. 기차에는 나와 그 가족의 엄마만 탔다. 아이들은 울고 아빠는 애써 웃으며 창밖으로 인사를 했다. 눈앞에 나란히 놓인 그들의 기쁨과 슬픔을 바라보며 절망과 환희를 바삐 오갔던 지난 시간들이 떠올랐다.

어떨 때는 너무나 큰 간극에 내 몸이 사건들을 품을 수 없었다. 그러나 왈츠를 추던 4인 가족과의 짧은 시간 동안 삶은 기쁨과 슬픔이 함께 하기에 찬란히 아름답다는 너무나 당연한 진리를 다시금 체험했다.

기차가 출발했다. 바트이슐과 할슈타트는 멀어져갔다.

빈으로 향하는 기차 안에서 나는 읊조렸다.

그래. 품을 늘리자. 품을 늘리자.

# 박헌수 선생님의

# 문자

영화가 미웠다.

짓궂은 농담을 즐겨하시는
박헌수 선생님께 문자가 왔다.

'엄마의 마음으로 품어라.'

휴대폰을 꺼버렸다.

# 수신음

〈같은 속옷을 입는 두 여자〉는 2016년 열 장의 트리트먼트로 시작했다.

그 후 4년 동안 묻어두었고, 2020년 봄에 다시 스무 장 트리트먼트로, 시나리오로 옮겨 썼다. 이전의 단편 작업들은 시나리오의 시작부터 영화의 마무리까지 걸린 시간이 길지 않았다. 하지만 〈같은 속옷을 입는 두 여자〉는 이전의 작업과는 달랐다. 특히 그 4년의 공백으로 벌어진 이야기와 나 사이의 간극을 다시 잇는 것이 필요했다.

그때 도움이 되었던 것은 음악과 관련 도서였다. 나는 싫증도 포기도 빠른 사람이다. 오늘 썼던 글에 다음날 침을 뱉는 사람이다. 그런 내가 멈추지 않고 계속 쓰기 위해서는 이 이야기가 온전히 나만을 위한 것이 아니고, 내가 아무렇게나 멈추고 아무렇게나 망가뜨릴 수 있는 것이 아니라는 것, 이야기 자체의 생명력을 믿어야 했다. 이야기를 지탱하는 생명력은 작가에게서 오는 것이 아닌 세상의 필요에 의해서 그리고 딸과 엄마의 삶에서 흘러왔다.

나는 그 기이한 힘을 믿는다. 사례집, 소설, 그래픽노블, 에세이 능을 읽으며 사회적 연결감을 얻었다. 비로소 '나'에게 필요한 이야기에서 '모두'에게 필요한 이야기'로 전환되는 순간이었다.

쇼팽의 〈녹턴〉을 들으며 이 시나리오를 썼다.
〈녹턴〉은 엄마의 컬러링이었다. 집에 혼자 있을 때가 많았는데 그럴 때면 엄마에게 전화를 걸곤 했다. 엄마는 전화를 잘 받지 않았다. 거실 구석에서 덩그러니 서서 수신을 기다리던 마음을 떠올렸다.
고급 식당 신에서 흐르는 배경음악이 필요해서 여러 음악들을 올려 보았지만 어딘가 맞지 않는 인상이었다. 문득 시나리오 집필 때 듣던 〈녹턴〉이 생각났다. 〈녹턴〉을 올리자 장면이 완성되었다. 종열의 프로포즈를 기대하며 립스틱을 고치는 수경의 얼굴 위로 〈녹턴〉이 흐르자 새삼 이정의 외로움이 수경의 외로움과 별반 다르지 않다는 생각이 들었다.

이 영화는 사실 '수신음'이 아닐까.
이정도, 수경도, 종열도, 소희도, 소라도, 애정도 이 영화에 나오는 모든 사람들이 어긋났던 건 결국 외롭기 때문에 자신의 마음을 발신만 하고 있어서가 아니었을까.

우리는 모두 전화를 걸고 있었다.
누구 한 명이 전화 걸기를 멈추고 수화기를 내려놓으면
곧 벨이 울리고 우리는 통화를, 이야기를 나눌 수 있었을 텐데.

20여 년이 지나 나는 또 거실 구석에서 덩그러니 서서 수신을 기다렸다. 결국 제자리인 것 같아 무서워졌다.

영화가 끝나고 시간이 흐르자 나는 알게 되었다. 내가 서 있는 지금 이곳이 발신자의 위치가 아닌 수신자의 위치라는 것을.

과거의 내가 수신을 기다리던 마음,

그 전화를 받은 건 엄마도 그 누구도 아닌 지금의 나였다.

## 자전거

2016년에 이 영화를 처음 쓰기 시작했을 때 나는 나를 믿기 어려웠다. 나는 스스로 아무것도 할 수 없다고 생각했다.

그 당시 나는 독립을 하거나 영화를 하지 않거나 둘 중 하나를 선택해야 했다. 무력한 기분으로 여느 때와 같이 아르바이트가 끝나고 집으로 향하는데 노을이 쏟아지는 아파트 단지 저 멀리서 한 남자아이가 자꾸 넘어지면서도 자전거를 연습하고 있었다. 꽤 심하게 넘어져서 무릎에서 피가 나도 그 아이는 계속 자전거에 올라탔다. 한참을 그 장면을 바라봤다.

나도 초등학교 때 인라인스케이트 타는 법을 스스로 습득했다. 인라인스케이트를 타다 넘어져서 같은 학교 아이들이 지나가며 비웃어도 계속 계속, 탔다. 그 아이처럼 무릎이 깨져도 계속 탔다. 스스로 나약하다고 생각하지만 생각하는 것보다 나는 더 강인하고 터프할 수도 있다.

그 후 독립을 하고, 영화를 찍었다.

영화 후반에 자전거를 연습하는 남자아이 인서트 컷이 있다.
어쩌면 이 영화의 계절 기준은 그 장면에서 피어난 것일 수도 있겠다.

# 밥솥

영화가 극장에 걸린 뒤로는 하루하루 영화가 손가락 사이로 흘러가
는 기분이다.

내가 고양이 눈곱을 떼주는 아침
영화는 한 관객과 새로운 만남을 하고,
내가 버스에서 꾸벅꾸벅 졸 때
영화는 한 관객과 새로운 만남을 한다.
내가 맥주 한 캔을 비우고 한 캔을 더 마실지 고민할 때
영화는 한 관객과 새로운 만남을 하고,
내가 침실 물걸레질을 할 때
영화는 한 관객과 새로운 만남을 한다.

문득 밥솥을 열었더니 2주 전에 지어놓은 밥이 딱딱하게 굳어 있다.
밥솥에 식초와 베이킹소다를 넣고 세척을 한다. 식탁에 앉아 밥솥에서

부글부글 물 끓는 소리를 듣는다.

아, 냉장고 청소해야겠다.

# 천박함의
# 멋짐

중학생 때, 엄마와 이모할머니를 만나러 차를 타고 부평역으로 향했다. 신호등 앞에서 차를 대고 기다리고 있는데 먼 곳을 응시하던 엄마의 입에서 나지막하게 탄식이 흘러나왔다. '뭐야… 미쳤나….'

엄마의 시선을 따라 고개를 돌리니, 건너편 신호등에 빠글빠글 파마를 한, 허벅지까지 오는 새빨간 머리와 보라색 롱 밍크코트를 바람에 휘날리며 아찔한 킬힐 부츠를 신은 이모할머니가 고고하게 서 있었다. 열 손가락에 열 개의 반지가 끼워져 있고 귀걸이와 목걸이 등 모든 액세서리를 장착한 그녀는 화려함의 극치였다.

신호등을 지나는 모든 사람의 시선을 안고 우리에게 다가오는 그녀를 보며 나의 마음속으로 수만 가지 번뇌가 스쳐 지나갔다.

이모할머니가 차 문을 열려고 하자 심지어 엄마는 차를 출발시켰다. 그리고 곧 멈췄다. 어딜 가냐며 이모할머니는 서둘러 차에 탔는데 좁은 차가 숨도 쉴 수 없을 듯 그녀의 존재감으로 꽉 찼다. 이모할머니와 엄마는 '서로 창피하다' '니가 더 스타일이 구리다' 등 독설을 주고받았다.

그날은 이모할머니의 패션이 압도적이었지만 솔직히 엄마의 패션도 무난한 편은 아니다. 반짝이, 미키마우스, 곰돌이 캐릭터 등 화려한 패턴 아니면 망사, 비즈, 짤랑거리는 체인 등 소재도 다양했다.

엄마의 패션이랄까 기행이랄까 그중 하나는 비닐봉지이다. 집에서 염색을 자주 했는데 꼭 염색약을 바르고 비닐봉지를 뒤집어쓴다. 봉지 손잡이를 귀에 걸면 야물딱지게 고정이 되었는데 그 상태로 은행이든 마트든 볼일을 보러 다니는 거다. 하루는 휴대폰으로 그 모습을 찍었는데 자신의 기행을 인정하는 듯 깔깔 웃으면서도 또 마트로 물건을 사러 갔다.

영화 속 수경이 젖은 팬티를 입는 장면을 보고 경악하며 "실제 저런 사람이 있어요?"라고 물어보는 사람들이 많았다. 나는 웃으면서 속으로 '있어요. 현실의 윤수경이요…' 하곤 했다.

한국 관객들보다 대체로 해외 관객들이 리액션이 큰 편인데, 수경이 젖은 팬티를 입는 장면에서 '울랄라!' '이크!' '하하!' '에에?!' '왓 더…!' 등 다양한 반응이 있었다. 한국이 아니고 해외에서까지 큰 스크린으로 엄마의 기행을 선보이자니 죄책감과 부끄러움 그리고 그 끝에 어떤 쾌감이 있었다.

나는 솔직히 재미있거든. 다른 사람의 시선 신경 쓰지 않고 하고 싶은 대로 하는 거, 그런 중년 여성들의 모습 더 보고 싶거든.

그리고 나도 점점 그녀들과 닮아가고 있다. 솔직히… 나도 입어요. 젖은 팬티. 입고 말려요…. 이상하게 나이가 들수록 옷이든 소품이든 튀는 것과 귀여운 것에 손이 가게 된다. 엄마와 이모할머니처럼.

부산국제영화제에서 영화를 상영한 뒤 아주 먼 관계자 중 한 명이
수경 캐릭터를 천. 박. 하. 다. 고 했다.

그래요. 그런데 나는 그 천박함을 사랑합니다.
당신이 말하는 그 수경의 상스러움을 사랑합니다.
천박함의 멋짐을 모르는 당신이 불쌍해요.

# 멀리,

# 더 멀리

"훌륭한 사람이 되어야지."

세영이 보내준 동영상에서 수경은 갓 태어난 조카에게 훌륭한 사람이 되라고 했다. 나는 수경에게 그런 말을 들어본 적이 없다. 수경은 나에게 '헛된 꿈 꾸지 마, 잘 안 될 거야.'라는 식의 말을 자주 했다. 나를 믿어주지 않는 것이 섭섭했다. 요즘 나는 이상하게 주변 사람들에게 혹은 나 자신에게 '잘 안 될 거야. 무언가 문제가 생길 거야.'라는 말을 자주하게 된다. 엄마에게서 딸들에게 타고 내려오는 저주의 말은 사실 믿음의 문제가 아닌 두려움이구나. 각자의 실패가 언덕길에 굴러 내려가는 눈덩이처럼 더 크고 무겁게 이동한다.

훌륭한 사람이 되라고 말하는 것, 훌륭한 사람이 될 거라고 믿어보는 것, 희망하는 것.

수경은 이제 지난 실패에서 멀어졌구나. 말하고, 믿고, 희망할 수 있구나. 행복하다.

수경도 나도, 이 시나리오를 읽는, 영화를 보는 모두
각자의 실패에서 멀어졌으면 한다.
멀리, 더 멀리.

# 불투명문

언제부터 기다렸는지 언제까지 기다려야 하는지도 모를 시간 속에서 난 불투명한 유리문 너머를 응시한다. 아른거리다 사라지는 그림자들. 몇 개가 그렇게 스쳐 지나가면 마침내 선명히 멈추는 그림자를 발견할 수 있다. 그럼 나는 울어버렸다. 현관문 열쇠를 돌리는 소리가 급해진다. 그것은 나에 대한 반응이며 내 기대의 확신이었다. 그럼 나는 더 크게 울었다. 이윽고 문이 열리면 엄마의 얼굴이 보인다. 그렇게 찰나의 포옹이 지나면 방 한가운데 홀로 우뚝 서서 또 전처럼 불투명한 유리문 너머만 응시한다.

최초의 기억이다.
어린 나는 혼자일 때는 울지 않았다.

첫 단편영화와 첫 장편영화에 인물이 혼자 침대에 누워 불투명한 창에 어른거리는 나뭇가지 그림자를 바라보는 장면이 있다. 두 영화는 완전히 다른 영화이다. 그런데 영화 속 인물들은 똑같이 창문을 바라본다. 이제 더 이상 앞으로의 영화에는 방에서 가만히 창문만 바라보는 인물을 그리지 않을 것이다. 창문을 열고 나뭇가지를 꺾고 뛰쳐나가 산과 들을 뒹굴뒹굴 구르며 '외롭고 필요하다!'라고 소리치고 싶다. 한바탕 망가지고 '이쯤 하면 됐다.'라며 툭툭 털어버리고 싶다.